갑오년의 금강산 유람

봉래일기

갑오년의 금강산 유람

봉래일기

초판 1쇄   2020년 5월 15일

지은이   이면신
옮긴이   이대형, 이석환, 하정수
펴낸이   오종욱
펴낸곳   올리브그린
편집디자인 김윤진
주소   경기도 파주시 회동길 145 아시아출판문화정보센터 연구동 201호
이메일   olivegreen_p@naver.com
전화   070-6238-8991
팩스   0505-116-8991

가격   19,000원
ISBN   978-89-98938-33-8 93220

이 도서의 국립중앙도서관 출판도서목록(CIP)은 서지정보유통지원시스템 홈페이지(http://seoji.nl.go.kr)와 국가자료공동목록시스템(http://www.nl.go.kr/kolisnet)에서 이용하실 수 있습니다. (CIP제어번호: CIP2020016513)

갑오년의 금강산 유람

봉래일기

지음 이면신
옮김 이대형 이석환 하정수

올리브
그린

일러두기 ——

1. 본문은 해제와 번역·원문·영인으로 구성되었으며, 영인은 원본의 제책 방식에 맞추어 책의 마지막 면
   에서 시작한다.
2. 협주는 【 】로 표기하였다.
3. 본문에 제시되는 사찰 배치도는 일기의 자료를 그대로 제시한 것이다.
4. 사찰의 옛 모습은 1915~1935년 사이에 차례로 발행된 《조선고적도보》에서 가져온 것이고, 최근 모
   습은 역자가 직접 촬영한 것이다.

머리말

금강산은 한국인에게 아름다운 산의 대명사 즉 금수강산의 대표적인 영산으로 신라 시대부터 많은 설화의 배경이 되었고, 문학과 예술의 소재가 되어 한국인에게 특별한 의미를 갖는다. 우리 선조들은 금강산을 찾았고 다수의 기행문으로 남겼다. 그리고 금강산은 불교설화의 배경이 되었고, 또 산중에 여러 사찰이 있었지만 아쉽게도 승려가 쓴 여행기는 거의 남아 있지 않다.

이와 같은 상황에서 《봉래일기(蓬萊日記)》는 그 저자가 승려라는 것을 유추할 수 있는 자료라는 점에서 큰 의미가 있다. 당시 승려로서 저자의 행적과 여정은 문화사적 면과 학술적인 면에서 연구 가치가 있다. 특히 이 책은 1894년 당시의 시대상황뿐만 아니라 금강산 사찰의 건물 배치도가 그려져 있어 그 당시 사찰 모습의 실제를 유추하고 조선고적도보와 비교해 볼 수 있다는 점에서 큰 가치를 지닌다.

《봉래일기》는 크게 세 부분으로 나뉜다. 첫째 부분은 저자의 거처에서 출발하여 서울과 근교를 둘러본 내용[蓬萊日記], 둘째 부분은 서울에서 출발하여 금강산을 유람하고 돌아온 부분[自京山爲始至金剛日記], 마지막 부분은 여행 동안 보았던 시구를 베껴 모아 정리한 부분[金剛諸處板上詩謄出]이다.《봉래일기》의 표지에는 저작 연도를 추정할 수 있는 갑오년이 쓰여 있다. 내용 중 3월 19일과 20일, 4월 9일에 인천 왜관 본원사, 전환국, 동도의 변란이라는 기사로 보아 이 갑오년이 갑오경장이 일어난 1894년임을 알 수 있다. 또한 '본사'라는 단어와 승려들과의 교우가 중심이 되는 내용을 미루어 보아 저자가 승려 신분임을 유추할 수 있다. 그리고 소장자의 가계 조사를 통해 저자를 명확하게 파악할 수 있다.

《갑오년의 금강산 유람 봉래일기》는 이《봉래일기》의 역주서로서 이 책이 갖는 특수성을 반영하여 〈봉래일기〉와 〈서울에서 시작하여 금강산에 이르는 일기〉의 두 부분에 주요 단어 등에 주석을 첨가하여 번역하였다. 〈금강산 여러 곳의 판상시를 베껴냄〉 부분은 저자의 시가 아니라서 제외하였다.

이 책의 가장 특별한 점은 사찰배치도가 있다는 것이다. 모든 사찰의 배치도를 그려 넣지는 않았지만, 금강산에서 중요한 사찰 7곳(석왕사, 장안사, 표훈사, 정양사, 유점사, 신계사, 건봉사)의 배치도가 있다. 이는 사찰 복원의 중요한 자료로 이용될 수 있다. 현전 최고 금강산 사찰의 사진 자료 중 하나인 《조선고적도보》에서도 사찰의 전경을 촬영하여 제시하고 있지만 당우명이나 배치를 정확히 알 수는 없었다.

그러나 이 책의 사찰배치도는 《조선고적도보》 촬영 당시와 1894년의 당우를 비교할 수 있어 1894년 이후 건물의 증축 등 건설 상황과 배치의 변화 및 사세를 유추할 수 있다. 현재 금강산 사찰의 복원 문제 및 금강산 관광 개발의 측면에서 생각해 본다면 이 책의 가치가 명확하게 드러날 것이다.

이 책의 간행은 소장자의 협조가 없으면 불가능한 일이다. 번역을 해보겠다고 하자, 선뜻 책을 건네주신 원명 스님께 감사드린다. 여러 가지 오류가 있을 것으로 생각되어 두려움이 앞서지만 조금 잘못이 있더라도 널리 알릴 필요가 있다고 여겨져 간행을 하게 되었다 이에 대해 양해와 함께 질정(叱正)을 구한다.

2020년 3월
동악의 연구실에서
이대형, 이석환, 하정수

1장

해제

해제 [1]

이석환

I. 들어가는 글

본서는 대전 도솔산 보광사 주지인 원명 스님이 소장하고 있는 《봉래일기》라는 문헌 자료이다. 본 자료는 덕수 이씨(德水李氏) 가문에서 소장하고 있던 책으로써 한국불교 법륜종 초대 종정이자 계룡산 동학사와 도솔산 보광사의 전 주지이신 금암 스님이 조부로부터 받아 소장하고 있던 책이다.

《봉래일기》는 계룡산 동학사에 주석했던 청운(淸雲) 이면신(李勉信)이 갑오경장이 일어난 해인 1894년 [2] 음력 3월부터 5월에 이르기까지 3개월에 걸쳐 충청도 모처를 출발하여 서울과 근교를 유람한 후 금강산을 거쳐 돌아온 내용을 일기의 형식으로 작성한 기행문이다.

---

1) 본 해제는 2017년 6월《불교연구》제47집에 실린 〈《금강산》의 역사적 위상에 관한 연구〉에 실린 논문을 본서에 맞게 수정하여 재구성 한 것이다. 논문에서는 본 자료의 불교학적, 역사적 위상의 측면에서 살펴보았으나, 여기에서는 해제의 측면에서 접근하도록 한다.
2) 연도에 관한 문제는 본서의 뒤에 있는 영인본의 표지에 적혀있는 갑오년을 바탕으로 추론하였으며, 본서의 내용에 있는 부분에서 연도를 유추할 수 있는 내용이 드러나기 때문에 1894년이라고 추정하였다.

금강산에 관한 연구는 1935년 《봉래일기》이라는 잡지의 발간을 시작으로 금강산 유람기의 문학을 중심으로 한 연구[3]와 금강산을 예찬한 시를 중심으로 한 것[4]과 금강산과 관련된 사찰 또는 승려에 관한 내용[5]으로 다수 진행되어 있고, 근현대에 들어서 금강산 유람에 관한 내용이 많은 부분을 차지하고 있다. 그러나 본 자료는 이전에 발표되지 않은 새로 발굴된 자료로서 유학자들의 금강산 유행기와는 다른 조선 후기 승려의 금강산 유람기라는 특징을 지니고 있다.

본 작품에서는 여행의 출발에서부터 돌아오기까지 필자의 여행 과정과 만났던 사람들, 그 속에서 느낀 심정을 당일의 날씨와 이동 거리를 포함하여 비교적 상세하게 적고 있다. 또한 여행 과정에서 여막이나 민가보다는 사찰을 중심으로 이동했다는 특징이 있고, 이동한 사찰의 연기설화와 풍광을 묘사하고 있으며, 금강산 등에 소재한 유명한 사찰의 평면 배치도를 그려 넣었다는 점에서 여타의 금강산 기행문과 큰 차이를 드러내고 있다.

이러한 부분에서 본서의 특징이 가장 잘 드러난다고 할 수 있다. 특히 당시의 사찰 배치도를 그린 문헌은 본서가 유일하다. 이는 현재 금강산에 존재하던 사찰의 복원 문

---

3) 김영기는 《文藝韓國》에 금강산과 관련하여 〈금강산 문학론〉이라는 주제로 1999년 6월부터 2001년 12월까지 총 14회에 걸쳐 연재했다. 또한 이경수(2000), 《금강산기행 가사집》, 춘천: 강원대학교 출판부; 윤석달 외(1999), 《금강기행문선》, 서울: 작가정신; 남효온 외, 김용곤 역(1998), 《(조선 시대 선비들의)금강산답사기》, 서울: 혜안을 비롯하여 선조들의 금강산 기행문에 대한 번역서와 문학적 특성을 고찰한 서적이 다수 출판되었다.

4) 최강현(2002)의 《금강산 한시 선집 1, 2》, 서울: 신성출판사; 최종세(2003), 《금강산 한시선》, 서울: 책이 있는 마을 등을 참조.

5) 정태혁은 1981년 12월부터 1983년 4월까지 《北韓》에 금강산의 명찰 답사기를 연재하였고, 김광식은 건봉사를 중심으로 《금강산 건봉사의 역사와 문화》(2011, 서울: 인북스)를 출판하고, 최윤정(2008)은 〈조선 후기 금강산의 불교〉라는 주제의 학위논문을 작성하였다.

제[6]를 비롯하여 건축학적인 측면과 금강산 관광루트 개발[7]과 관련된 부분에서의 연구가 필요한 부분이라고 생각된다.

6) 물론 사찰 복원과 관련된 부분은 많은 부분 진행되고 있으나, 본 번역본에서 제시하고 있는《조선고적도보》에 있는 사찰 배치도에서도 사진만 존재하여 전각의 정확한 위치와 용도는 알 수 없다. 그렇기 때문에 본서에서 드러나고 있는 사찰 배치도에 따른 전각의 정확한 위치를 파악하여 복원을 한다면 조금 더 정확한 모습의 사찰 복원을 할 수 있을 것이라고 생각된다.
7) 이동 경로가 명확하게 밝혀져 있기 때문에 육상으로 이동할 경우에 북한과 남한을 잇는 도로 및 루트를 알 수 있고, 각 지방자치단체의 협조와 사찰의 템플스테이를 활용한 관광상품 개발에서 현재와 과거를 아우를 수 있는 새로운 스토리텔링도 기대해 볼 만하다.

II. 자료 개관

1. 서지

《봉래일기》는 지은이로 추정되는 청운(淸雲) 이면신(李勉信)이 금강산을 유람하며 작성한 기행문이다. 본문의 문장은 산문 형식을 띠고 있지만, 한시와 도상이 삽입되어 있기 때문에 크게 산문과 시, 그림으로 구성되어 있다.

본 자료는 4침본 선장으로 가로 21.9cm 세로 23.5cm로 표지 포함 총 34장 68면으로 구성되어 있으며, 출발일인 1894년 갑오년 음력 3월 6일부터 5월 29일까지의 72일간의 여행에 관한 유람기이다. 다만 중간에 며칠 정도 생략되어 있으나[8] 전체적으로 날짜를 빠뜨리지 않고 작성한 것으로 미루어 볼 때, 여행 당일의 여정을 정리하며 작성한 것으로 생각된다. 또한 당일의 날씨와 이동 장소, 이동 거리를 상세하게 기록하고 있어 조선 후기의 지리 상황과 생활상을 파악하는 데 도움이 된다.

《봉래일기》에 기록된 산문은 전체적으로 일기의 형식으로 쓰여 있다. 그러나 초반에 출발한 곳에서 서울에 이르러 서울과 근교를 유람하는 중반까지는 산문을 중심으로 시가가 3수 등장하고 있으며, 〈봉래일기(蓬萊日記)〉라는 권수제가 적혀있다. 표제는 《금강산(金剛山)》이라 적혀있다. 특히 〈봉래일기〉 초반에는 본서를 집필한 연대를 추정할 수 있는 부분이 다수 등장하고 표제에 '갑오(甲午) 삼월(三月)'이라고 쓰여 있어 본서의 작성 시기를 비정할 수 있다.

---

8) 사월 초파일이 생략되어 있는 것으로 생각해보면, 필자가 승려이기 때문에 부처님오신날과 관련된 행사를 하지 않았을까 유추할 수 있다.

중반의 〈서울[京山]에서 시작하여 금강산에 이르는 일기[自京山爲始至金剛日記]〉에서는 서울에서 출발하여 금강산을 거쳐 자신의 거처로 돌아오는 길의 여정과 감회를 쓰고 있다. 중반부의 일기에서는 산문을 중심으로 여정 가운데 나오는 판상(板上)의 시구와 자작시, 돌에 새겨져 있는 글씨, 사찰의 배치도 등이 혼재되어 있다. 특히 초반과 중반부분에는 돌아오는 마지막 날까지 일자별로 정리함으로써 출발지에서 도착지까지 걸린 날짜를 계산할 수 있고, 여행 당일의 날씨와 만난 사람과 이동 경로가 상세히 드러나고 있어서 당시의 사회상을 엿볼 수도 있다.

마지막 후반부에는 금강산 여행에서 본 판상(板上)의 시구를 모아 정리하여 〈금강산 여러 곳의 판상시를 베껴냄[金剛諸處板上詩謄出]〉이라는 소제목을 붙였다.

《봉래일기》의 산문은 대자와 소자가 함께 사용되고 있고, 자수는 일정하지 않으며 쌍행(雙行)으로 시구와 주석이 달려있다. 그리고 잘못 쓴 글자를 수정한 부분과 우첨자(右添字), 후대에 철필(鐵筆)로 첨기(添記)한 부분도 1곳 등장한다. 또한 당시의 지명을 한글로 쓴 부분이 2곳, 음석 공용으로 표현하고 있는 부분이 1곳이 나오고 있어서 당시 사용하고 있는 언어의 변화 과정도 엿볼 수 있다. 본문에서 여정 중에 나오는 시구는 4수, 자작시는 8수, 마지막 부분의 전체 여정에 있었던 판상의 시를 모아 놓은 시구는 73수[9], 사찰의 배치를 그려놓은 도상은 7건이 삽입되어 있다.

본 번역본에서는 본서의 초반에서 중반에 이르는 금강산 여행기만을 대상으로 한다. 후반의 판상의 글씨는 여러 부분에서 인용되고 있기 때문에 번역에서 제외했다. 그러나 당시의 글씨를 필사한 부분으로서 중요한 자료로 생각된다. 이후의 번역 또는 다른 연구자들의 연구를 위해 책말(冊末)에 영인하고 있으므로 참고 자료로서 많은 연구자들의 연구에 도움이 되었으면 한다.

---

9) 마지막 시구의 일부는 뒤표지에 기재되어 있으나 표지가 닳아서 판독이 불가함.

2. 작성 시기와 저자 추정

본 작품에서 저자를 알 수 있는 내용은 나오지 않는다. 단순히 소장자의 집안에서 전승되어 오는 일기이기 때문에 구전으로 저자를 추정하고 있었을[10] 뿐이었다. 구전에 따라 저자로 추정되는 금암 스님의 조부인 이호신(李浩信)은 구산첨사(龜山僉使)를 거쳐 진도에서 사망한 후 현재의 계룡산 동학사 매표소 뒤편에 장지를 마련했다고 하기 때문에 사찰을 중심으로 한 여행기인 본 작품의 저자로 이호신을 추정하기는 어렵다.

저작자 추정은 《덕수이씨세보(德水李氏世譜)》를 바탕으로 했다. 우선 저작 시기를 고려해 1894년을 기준으로 여행을 떠날 수 있는 체력과 재력도 갖추어야 하므로 갑오년에 20대에서 30대, 이호신과 3촌 이내로 한정지어 고찰했다. 하지만 세보의 내용도 부실하여 소장자와의 대담을 통해 유추하였다.

2017년 2월 대전 도솔산 보광사에서의 대담[11]에서 소장자인 원명 스님의 숙부인 이종균 씨는 증조부의 형님 가운데 동학사에서 생식을 하며 승려와 같은 생활을 하던 분이 있었다고 했다. 《덕수이씨세보》를 확인해보니 금암 스님 조부의 형님으로 이면신(李勉信)[12]이 있고, 동학사에서 청운거사(淸雲居士)라고 불렸다는 기록이 있었다.

《봉래일기》에 '본사(本寺)에 서간을 보냈다'든지 '본사에서 떠난 지 며칠째인가', '본사에서 서간이 왔다', '본사로 돌아갔다'라는 내용에서 저자가 승려임을 유추할 수 있다.

---

10) 원 소장자인 금암 스님은 자신의 조부께서 작성하신 금강산 여행과 관련된 선장본 일기 1권과 권자본 1권이 있다고 했다.

11) 2017년 2월 24일 20시경 대전 도솔산 보광사에서 주지 원명 스님과 숙부 이종균씨, 한국기술교육대학의 하정수 선생, 필자 4명이 대담했음.

12) 세보에 따르면 1857년에 출생하여 1935년 79세에 입적함. 주3)의 대담에 따르면 작자로 추정되는 淸雲 李勉信은 계룡산 동학사에 거주하였으며, 손녀가 출가하여 동학사 옥천암에 비구니로 있었다. 평소 경전 공부와 참선을 하며 생식을 즐겨했다고 한다.

또한 음력 3월 6일에 "삼월 초엿새. 오후에 길을 떠나 공주에 이름.[13]"이라는 문구가 등장하고 있으며, 여행의 마지막 날인 음력 5월 29일의 기사를 살펴보자.

> 29일. 비록 여름철이라 해도 길 가는데 어려움이 없어서 서둘러 걸어 본사(本寺)로 돌아갔다. 사일평(沙日坪)을 지나 용산(龍山)을 바라보며 절구 한 수를 지었다.[14]

라는 문구가 나온다. 위의 내용을 바탕으로 생각하면 저자는 계룡산의 사찰에서 생활했었음을 유추할 수 있다. 이러한 대담과 본문의 내용을 종합하면 청운 이면신이 저술했을 것으로 생각된다.

청운에 대해서는 신원사 고왕암(古王庵)의 창건연기에 기록되어 있다. 고왕암에서는 《공주읍지(公州邑誌)》에서 "고왕암은 660년(백제 의자왕 20년)에 창건되어 1419년(세종 1년) 서함(西函)이 중건했다고 하며, 신원사에서는 1928년에 청운(淸雲)이 재건했다고 전해지고 있다."고 한다. 2017년 3월 9일경 고왕암에 확인해 본 결과 청운에 대한 이후의 기록은 존재하지 않지만, 청운이 당시 고왕암에 주석하던 것은 사실이었다고 한다.

따라서 저작에서 나타나는 내용과 세보의 기록을 바탕으로 장기 여행을 하며 본서를 지은 인물을 살펴보면 신원사 고왕암을 재건한 청운 이면신임이 확실시 된다.

《봉래일기》가 지어진 연대는 작품의 표지에 나와 있어 잘 알 수 있다. 표지 좌측 상단에는 "金剛山 甲午 三月 日"이라고 적혀 있어 본 작품은 갑오년에 지어졌음을 알 수 있다. 갑오년이란 기록을 바탕으로 본 작품이 지어진 연대를 추정해보고자 한다면 문헌의 내용에서 나오는 부분을 살펴보면 알 수 있을 것이다. 작품의 초반인 음력 3월 18일

---

13) "初六日 午後發程至公州"
14) "二十九日 或陰或雨又兼風, 雖日炎夏, 行路無難, 故忙忙急步, 還至本寺. 過沙日坪, 望見龍山, 偶成一絶"

에서 20일 사이에

    18일. 인천 항구 완람차 경운 선사, 경화, 계찬, 짐꾼 1명 합 5명이 동행하였
    다.[15]
    19일. (중략) 봉우리에서 내려와 차례로 두루 구경하니, 가장 먼저 도착한 곳
    은 양의(洋醫)가 거처하는 곳이었다. (중략) 또 왜관(倭關)의 본원사에 들어가
    참배하였다.[16]
    20일. 한위원(韓尉原) 덕에 전환국에 들어가 돈을 만드는 기계를 둘러보았
    다.[17]

라는 인천 완람의 내용이 있다. 이를 살펴보면 당시 인천에 일본인과 외국인의 거처가
있었던 것을 바탕으로 개항 이후의 갑오년은 갑오개혁이 일어난 1894년으로 추정할 수
있다. 특히 인천에 일본 사찰인 본원사가 존재했던 시기와 20일에 둘러본 전환국이 인
천에 있었던 시기가 매우 짧기 때문에 1894년으로 한정지을 수 있다.
    또한 4월 9일에는 다음과 같이 기록되어 있다.

    초9일. 선라도에 동노의 변란(東徒之變)이 있어서 병정 500명이 인천에서 증
    기선을 타고 갔다고 들었다. 또 능행(陵幸)을 그만둔다는 소식을 들었다.[18]

---

15) "十八日 仁川港口玩覽次, 景運禪師, 敬華, 戒贊. 員卜一命, 合五人同行"
16) "十九日 (중략) 自峰下, 次次歷覽. 最先所到者, 洋醫所居處. (중략) 入倭關本源寺, 參拜于法堂."
17) "二十日 因韓尉原, 入典圜局, 覽造錢器械."
18) "初九日 聞全羅道有東徒之變, 兵精五百命自仁川乘輪船而去, 又聞撤陵幸之令"

여기에서 말하는 동도의 변란은 1894년 음력 3월에 일어난 제2차 동학농민혁명을 말한다. 당시 음력 4월초 무렵에 동학농민군이 전라도 지역을 점령했기 때문에 이러한 표현이 나올 수 있는 갑오년은 1894년이다.

이러한 기록과 내용을 바탕으로 《봉래일기》의 작자와 작성 시기를 유추해 보면, 신원사 고왕암에 거주했었던 청운 이면신이 1894년 갑오년에 금강산을 유람하면서 본서를 지었음을 알 수 있다.

Ⅲ. 내용 분석

1. 여정

이 작품에서는 지은이가 어떠한 목적으로 여행을 떠난다는 언급은 보이지 않는다. 하지만 여행의 여정이 사찰을 중심으로 움직이고 있으며, 승려들과의 교우 관계가 드러나는 내용으로 미루어 볼 때 금강산 여행에 대한 개인적인 욕구에 따른 것으로 생각된다.

본 작품에 나타난 여정을 지명과 이동한 사찰의 이름을 정리하면 대략 다음과 같은 순서로 이어진다.

[봉래일기]
출발 - 공주 - 영은사 - 광정 - 진계역 - 차령 - 천안 성환 - 칠원 - 진위읍 - 대황교 - 화성 청련암 - 대유평 - 지지고개 - 갈산 - 남태령 - 동작강 - 백련사 - 인천항 - 양화도 - 백련사 - 흥천사 - 적조암 - 봉국사(약사) - 경국사(청암) - 백운대 - 도선암 - 태고사 - 중흥사 - 도봉산 - 천축사 - 망월사 - 덕사 - 천장산 만수사 - 천보산 학도암 - 불암사 - 수락산 성사 - 덕사 - 두포 - 만수사

[서울에서 시작하여 금강산에 이르는 일기]
화계사 - 양주 샘내 - 소요산 자재암 - 연천 수려동 - 심원사 - 철원 현정 - 평강 추가령 - 국수당 - 안변 설봉산 석왕사 수군당 - 석왕사 심검당 - 내원암 - 안변 황룡산 보현사 - 기죽박이령(깃대박이고개) - 안변 황룡산 천곡사 - 흡곡 - 통천 - 총석정 - 통천 - 장림 - 사령령 - 벌떼여막 - 철이령 - 괘궁정 - 장안사 - 영원암 - 망군대 - 지장암 - 백화암 - 표훈사 - 정양사 - 표훈암 - 돈도암 - 마하연 - 수미암 - 선암 - 원통암 - 비로봉 - 안문고개 - 은선대 - 유점사 - 중

내원 미륵봉 - 서래각 - 환희령 - 장항 - 노춘정 - 구령 - 니암 - 백천교 - 신계사 - 구룡연 - 보운암 - 신만물초 - 온정 - 고성 입석포 - 현종암 - 건봉사 극락전 - 낙서암 - 간성 화엄사 - 천호산 계조굴 - 내원암 - 신계사 - 낙산사 - 양양 명주사 원통암 - 장령 - 강릉 오대산 월정사 - 중대 적멸보궁 - 진부역 - 목령 - 대화, 방림 - 평창 후평 - 진두진 - 영월 장릉 보덕사 - 영월 후천진 - 신당치, 별양치, 후방치, 가야진, 송치 - 영춘 단양 환평 - 대흥사 청련암 - 성치 - 풍기 명봉사 - 용문사 - 상주 사불산 대승사 - 상주, 문경 - 괴산 관평 - 청주, 화양동, 청천 - 이암사 - 본사 복귀

이 여정을 날짜별로 출발지와 기착지와 도착지, 만난 사람과 특이 사항 등을 표로 정리하면 다음의 표1 과 같다.

표1 금강산 여정기

날짜	기착지·도착지	특이 사항
봉래일기		
3.6	거처 출발 - 공주	
3.9	영은사 - 광정 - 진계역 - 차령	영은사 예문 화상, 본사 서간 발송
3.10	천안 성환 - 칠원	
3.11	진위읍 - 대황교 - 화성 청련암	일해, 봉의(만나지 못함)
3.12	대유평 - 지지고개 - 갈산 - 남태령 - 동작강	
3.13	백련사	경화, 봉의(만나지 못함)
3.14		경운
3.15		연선을 북한산성에 보냄
3.17		연선, 경화
3.18	인천항 완람(용동의 이 씨 집에서 머묾)	경운, 경화, 계찬, 짐꾼 총 5명

날짜	기착지·도착지	특이 사항
3.19	한인과 외인 처소 완람, 왜관 본원사	양인 처소에 관한 표현
3.20	전환국	한위원
3.21	왜, 청 병선 완람	본원사 승려, 한위원
3.22	양화도 - 백련사	
3.24	흥천사	용화당
3.25	적조암, 봉국사(약사), 경국사(청암)	하월집에서 묵음
3.27	백운대 - 도선암 - 태고사 - 중흥사	하월, 정문 포함 총 4명
3.29	도봉산 - 천축사 - 망월시	건봉사 학산 선사 열반
4.1	덕사(양주 흥국사) - 하월의 집으로 돌아옴	
4.2	천장산 만수사	묘학
4.3	천보산 학도암	운선, 신향
4.4	불암사(조포사)	
4.5	수락산 성사(내원암) - 덕사	포화, 함영, 일해
4.6	하월 집	월초
4.9	두포 - 만수사	전라도 변란(동학 2차 봉기)
서울에서 시작하여 금강산에 이르는 일기		
4.10	화계사 - 양주 샘내	한글 지명(심내)
4.11	소요산 자재암	
4.12	연천 수려동 - 심원사(철원)	현재의 북한
4.13	철원 현정	한글 지명(다리우물)
4.14	평강 축아령(추가령) - 국수당	
4.15	안변 설봉산 석왕사 수군당	배치도(석왕사)
4.17	석왕사 심검당	월화당
4.18	내원암	

날짜	기착지·도착지	특이 사항
4.19	안변 황룡산 보현사	
4.20	기죽박이령-안변 황룡산 천곡사(흥곡사)	
4.21	흡곡-통천-총석정-통천읍 여막	
4.22	석저교-금강산 통천 용공사	
4.23	장림-사령령-벌떼 여막	
4.24	철이령-괘궁정-장안사	배치도(장안사)
4.25	영원암-망군대-지장암	
4.26	백화암-표훈사-정양사-표훈암	배치도(표훈사, 정양사)
4.27	돈도암-마하연	풍암장로
4.28	수미암, 선암, 원통암-마하연	
4.29	비로봉	탁명
4.30	안문고개-은선대-유점사	배치도(유점사)
5.1	중내원 미륵봉-서래각	
5.3	환희령, 장항(노루목), 노춘정, 구령, 니암, 백천교-신계사	배치도(신계사)
5.4	구룡연	
5.5	보운암-신만물초-온정	경암당 포함 총 5명.
5.6	고성 입석포	
5.7	입석포	뱃놀이
5.8	현종암-건봉사 극락전	현재의 남한
5.9	낙서암	계명, 배치도(건봉사)
5.10	간성 화엄사	
5.13	천후산 계조굴-내원암-신계사	
5.14	낙산사	

날짜	기착지·도착지	특이 사항
5.15	양양 명주사 원통암	
5.16	원통암	용악노숙, 일봉 화상, 부림상인
5.17	장령(대관경) - 강릉 오대산 월정사	
5.18	중대 적멸보궁	
5.20	진부역 - 목령 - 대화, 방림 - 평창 후평 여막	동래 범어사 객승 2인
5.21	진두진 - 영월 장릉 보덕사	
5.22	영월 후천진 - 신당치, 별양치, 후방치, 가야진, 송치 - 영춘 단양 환평 여막	
5.23	대흥사 청련암 - 성치 - 풍기 명봉사	
5.24	용문사(예천 소백산)	
5.25	상주 사불산 대승사	
5.26		환경, 환허
5.27	상주, 문경 - 괴산 관평 여막	
5.28	청주, 화양동, 청천 - 이암사	
5.29	본사로 돌아옴.	용산(계룡산)

여기에서 주목되는 점을 정리하면 다음과 같은 5가지는 본문 형식으로 정리할 수 있다.

첫째, 충청도의 모처에서 출발한다는 것이다. 일반적으로 조선 시대 금강산 유람기를 살펴보면 한양에서 출발하는 내용이 대부분이다. 그렇기 때문에 본 작품의 희소성과 향토사적 중요성이 드러난다.

둘째, 일정 가운데 승려들과의 교우 관계를 보여주고 있다는 점이다. 승려들과 만나고 헤어지는 것과 그들의 이름이 나오는 점과 숙소가 대부분 사찰이라는 점이 본 작품의 큰 특징 가운데 하나이다.

셋째, 여정 중에 나오는 사찰의 연기 및 설화를 적고 있다는 점이다. 현재 구전되고 있는 내용과 정리된 내용과 크게 다르지는 않지만 일부에서 약간의 차이가 보이고 있다. 이는 구전의 특성으로 변경될 수도 있지만, 작자가 사찰에서 들은 내용을 적은 것으로 보아 연기설화의 원형과 변화를 파악 할 수 있다.

넷째, 사찰 배치 평면도를 그렸다는 점이다. 이 부분이 일반적인 금강산 여행기에서는 나타나지 않는 본 작품의 큰 특징이다. 사찰의 배치도를 그려놓음으로써 당시 사찰의 구조와 명확한 전각의 명칭을 알 수 있다.

다섯째, 이동 방법이 명확하게 드러나 있지 않지만 이동 거리를 적고 있는 점이다. 지역에서 지역으로 이동할 때의 이동 거리가 기재되어 있어서 당시의 지역 간의 이동 경로나 거리를 유추할 수 있다. 또한 하루에 먼거리를 이동한 내용도 보이고 있다. 이는 단순히 걷기만 하지 않고 다른 탈 것(예를 들면 말 또는 선박)을 이용했을 것이라고 추정되는 부분이다.

2. 견문

본 작품은 앞서 서술한 바와 같이 크게 기행일기 두 부분과 시구 모음의 세 부분으로 나눌 수 있다. 기행일기는 〈봉래일기(蓬萊日記)〉와 〈서울에서 시작하여 금강산에 이르는 일기(自京山爲始至金剛日記)〉의 두 부분으로 나뉘고, 이 부분이 금강산 견문록에 속한다.

본문에서는 본 번역본에서 다루고 있는 부분을 중심으로 기행록만을 대상으로 삼고 기술한 부분의 특징을 살펴보도록 하겠다.

봉래일기는 여정의 시작인 1984년 음력 3월 6일부터 4월 9일까지의 여정을 기록하고 있다. 여기에서 주목되는 부분은 서울까지 가는 길에 거쳐 가는 곳의 지명이 나오고 서울까지 가는 여정이 짧다는 것이다.[19] 이것은 당시 충청도에서 서울로 가는 길이 잘 정비되어 이동에 큰 어려움이 없었다는 것을 간접적으로 보여준다.

서울에 도착한 이후에는 사람들을 만나 담소를 나눈 후 서울과 근교를 유람한다.

3월 19일의 인천 유람 내용을 살펴보면 인천세관의 뒷산에 올라 외국인의 처소를 본 느낌과 본원사에 방문한 소회(所懷)를 표현하고 있다. 외국인의 처소는 웅장하고 화려한 반면에 조선인의 처소는 누추하고 좁다고 마음 아파하고, 서양닭이 들어와 있다는 것을 보여줌으로써 외국인이 조선에 정착하고 있는 것을 보여준다. 또한 청나라와 일본인도 인천에 들어와 거주하고 있는 것으로 보아 인천이 개항된 이후 국제적인 도시가 되어 여러 나라의 사람들이 거주하고 있었던 것을 알 수 있다.

19일의 내용 가운데 외국인의 처소가 인천에 있었다는 점과 왜관의 본원사에 방문했다는 점이 본 작품이 쓰여진 연대를 추정할 수 있는 자료이다. 또한 20일의 기록에서는 "전환국에 들어가 돈을 만드는 기계를 둘러보았다.[20]"라는 표현에서 본 작품이 1894년에 지어졌음[21]을 알 수 있다.

21일에는 왜선과 청선을 살펴본다. 병선을 살펴봤다는 것을 통해 본 작품의 저자가 단순히 일반적인 승려가 아닐 수 있다는 것으로 생각된다. 당시 승려의 사회적 지위가 매우 낮았다는 것을 생각해 보면 승려로서 국가기관과 외국의 병선을 살펴보았다는 것은 불가능한 일일 것이다. 따라서 본 작품의 저자는 승려이지만 사회적으로 높은 지위에 있었을 것으로 유추할 수 있다.

---

19) 본문에 따르면 음력 3월 6일 출발하였으나 2일 동안 비가 와서 공주에서 머물고, 8일에 제교를 받아 9일이 되어서야 출발해 12일에 동작강을 건너 서울에 입성한다.

20) "入典圜局, 覽造錢器械."

21) 1883년 서울에 세워진 전환국은 1892년 인천으로 옮겨졌다 1900년 다시 서울로 옮겨진다. 따라서 전환국이 인천에 있었던 시기에 본 작품이 지어졌다는 것을 유추할 수 있는 내용이다.

이후에는 서울에 있는 사찰을 중심으로 움직이며 승려들과 교우하고 있다. 본문에서는 만난 사람들의 이름을 제시하고 있고, 삼각산과 도봉산을 비롯한 서울 근교의 산과 사찰을 유람한다.

4월 9일에는 동학농민혁명 제2차 봉기가 일어나 사회적으로 혼란했음을 알 수 있다.

이와 같이 본 작품의 초반부인 〈봉래일기〉에서는 충청도에서 출발해 서울 근교 답사를 한 내용으로서 당시의 사회상과 생활상을 알 수 있는 내용이 많다. 특히 인천 유람을 통해서 당시 조선의 개항과 관련한 사회상을 알 수 있게 해주며, 4월 9일의 기록을 통해 정치·사회적으로 급변하는 조선의 상황을 볼 수 있다.

또한 인천 유람 시 왜선과 청선을 완람하고 전환국을 방문했다는 것으로 미루어볼 때 승려임에도 불구하고 저자의 사회적 지위가 높았다고 유추되기 때문에 조선 후기 신분제의 변화도 살펴볼 수 있다.

〈서울에서 시작하여 금강산에 이르는 일기(自京山爲始至金剛日記)〉(이후 〈금강일기〉로 약칭)는 저자가 본격적으로 금강산 여행을 하고 돌아가는 내용이다. 이 부분도 날짜별로 정리되어 있으나 사찰의 창건연기와 사찰의 전각명, 사찰의 배치도, 금강산 봉우리의 이름 등이 혼재해 있다.

〈금강일기〉는 1894년 음력 4월 10일부터 5월 29일에 이르는 부분이다. 금강산의 자연풍광과 자신의 느낌, 사찰의 창건연기와 설화, 사찰내 암자와 전각 등을 자세하게 작성하고 있다. 여기에서는 사찰의 창건연기는 16건, 설화는 16건이 있는데, 이를 정리하면 다음의 표 2 와 같다.

표 2 사찰설화

사찰명	창건 연기 및 설화	사찰내 암자 및 전각	기타
양주 소요산 자재암	원효 조사가 점지한 자리로 태고 화상이 중건하고 순조 때 제허 스님이 3건, 덕사의 제암 화상이 4건	판도방, 만월보전, 영산전, 천태각, 단하각 / 백운사, 원효암	샘이 있는 석굴, 영원사

사찰명	창건 연기 및 설화	사찰내 암자 및 전각	기타
심원사	궁예 때 범일 국사 창건, 무학 국사 중건 / 석대암 연기	판도방, 천불전, 명부전, 응진전, 노전 / 성주암, 지장암, 남암, 석대암, 안양암	보주산 흥림사, 보개산 심원사
설봉산 석왕사	태조 원당(무학 대사)	수군당, 심검당, 내원암,	사찰 배치도
황룡산 보현사	신라고찰. 명태조 원당		
용공사	고려 와룡 조사 창건, 갑신년 소실을 제암 화상 중건	극락보전, 응진전, 단하각, 독성각, 판도방, 축성전, 종루, 노전, 별당, 열반당, 수침(물레방아)	
장안사	신라 진표 율사 창건, 회정 선사 중창. 원나라 기황후 원당.	비로전, 사성지전, 혜은암, 수침, 노전, 명부전, 어향문, 용선전, 대웅보전, 노전, 설선당, 적묵단, 진여문, 범종루, 영빈관, 월변루, 장안사, 상수문 / 지장암, 관음암, 보문암, 장경암, 영원암, 도솔암, 안양암, 반야각	사찰 배치도
표훈사	표훈 조사 창건 / 돈도암 설화, 보덕굴 설화, 불지암 설화, 수미암 설화, 만회암 설화	백화암, 돈도암, 보덕굴, 불지암, 원통암, 수미암, 만회암, 선암	사찰 배치도
정양사	표훈사보다 앞서 창건		사찰 배치도
유점사	정양사 창건 설화	어실, 영소, 수월당, 시왕전, 능인보전, 노전, 용금루, 설지문, 수총사, 영산전, 천태각, 칠성각, 산신각, 서래각, 월씨사, 수각, 응향각, 연화사 / 명적암, 반야암, 백련암, 적멸암	사찰 배치도
신계사	진표 율사 창건 / 창건 설화	극락전, 노전, 대웅전, 영산전, 어실, 용화전, 설선당 / 보광암, 보운암	사찰 배치도
건봉사	아도 화상 창건 / 설화	관음전, 명부전, 대웅전, 사성전, 노전, 용선전, 선방, 별좌방, 만일회, 보안원, 어향문, 홍교, 문, 청방, 극락전, 낙서암, 탑광실, 누각, 노전, 영각, 팔상전 / 낙서암	사찰 배치도
간성 화엄사	진표 율사 창건 / 수암 설화	대웅전, 설선당, 노전, 영각, 정문루, 미타암, 화응전, 안양암, 수암(바위)	화암사로 불림
신흥사		백담사, 오세암, 봉정암, 대승암	

사찰명	창건 연기 및 설화	사찰내 암자 및 전각	기타
낙산사	의상 조사 창건 / 창건 설화	보덕굴, 홍련암(노전), 어실, 원통보전, 10층석탑, 영산전	빈일루
명주사	혜명, 대주 창건	노전, 원통암	
월정사	자장 국사 창건 / 창건 설화, 정골사리 설화, 적멸궁 설화, 상원암 설화	적멸궁, 상원암, 관음암,	
용문사	두운 창건	대장전, 법당, 윤장	3용문(지평, 예천, 남해)
사불산 대승사	사불산 설화	묘적암(나옹 화상 본사)	

표 2 에서는 창건연기와 설화가 기록되어 있는 사찰을 중심으로 했을 뿐, 이동 중에 머물렀던 모든 사찰을 제시하지는 않았다. 앞의 표 2 와 같이 본 작품에서는 18개 사찰의 창건설화와 7건의 사찰 배치도가 나온다. 또한 이외에도 사찰의 부속 암자와 전각을 기록하고 있고, 대표적인 암자의 설화도 나온다. 이러한 사항은 본 작품의 저자가 불교에 지대한 관심이 없으면 기록하지 않았을 법한 내용이다.

또한 〈금강일기〉에서는 사찰 근교의 자연환경을 그림을 그리듯 보여준다.

4월 11일의 기록에는 자재암 근처에 있는 폭포와 석굴을 "좌우에 폭포가 있다. 왼쪽이 크고 오른쪽이 작다. 또 석굴이 있는데, 샘물이 굴 안에 있다. 샘의 흐르는 모양이 공주의 죽암과 서로 비슷하다."[22]라고 하여 자세하게 표현한다. 그리고 자신의 거처와 비교하면서 향수를 일으킨다. 4월 28일에는 수미대를 보고 "경치가 산내에서 제일이다. 좌우의 봉우리들은 사람으로 하여금 아름답게 만들게 하여도 이 기묘함을 뛰어넘을 수

---

22) "有左右瀑布, 而左大右小. 又有石窟, 而泉水在窟內, 泉流之制, 相似於公州竹岩也."

없을 정도다."[23]라고 하고, 5월 3일에는 신만물초를 관람하고 "금강산에서 제일의 대단한 광경이다. 마지막에 관람하여 마땅히 웃을 만하다. 만약 이 봉을 먼저 보고 뒤에 다른 봉우리들을 보았으면 (볼)맛이 없었을 것이다."[24]라는 등 자연환경을 보고 느낀 자신의 감정을 여과 없이 표현하고 있다.

지명과 관련된 설화로서는 4월 24일의 단발령에 관한 설화[25], 4월 26일의 인봉과 방광대[26], 천일대[27] 등의 설화를 적고 있다.

또한 〈금강일기〉의 본문에서는 당시의 농경 문화도 드러난다. 4월 18일에는 "오늘이 곧 춘상갑[28]이다."[29]라는 문장과 5월 5일의 "영동 사람들은 천기를 보고 판단하기를 단오에 수리새가 불면 45일 동안 비가 내리고서야 그친다고 한다. 오늘 수리새가 분다고 한다. 과연 다음날부터 비가 내렸다."[30]라는 부분을 통해 알 수 있다. 그리고 5월 7일 입석포에서 뱃놀이를 떠나는 부분에서 "뱃삯을 2냥으로 정하고 배를 타고 갔다."[31]라는 곳에서는 당시의 실물 경제와 화폐 가치가 드러난다.

이와 같이 〈금강일기〉는 〈봉래일기〉와는 다른 특징이 있다. 첫째, 사찰에 관한 자세한 사항을 다수 기록하고 있는데, 사찰과 관련한 연기설화·사찰의 부속암자·승려들과의 교우 등을 많이 기록한다. 둘째, 여행이 진행되어감에 따라 산수를 보고 느낀 감정을 여과 없이 드러내며 작자의 표현력이 증가되는 경향이 있다. 셋째, 당시의 경제와 사

---

23) "以景於內山爲第一, 左右峰巒, 使人巧造, 亦不過此妙矣."

24) "於金剛第一奇觀, 末後觀覽, 宜可一笑. 若先觀此峰, 後覽諸峰, 則無味矣."

25) "斷髮嶺者, 高麗時王將軍登此嶺, 望衆香諸峰, 卽斷髮故也."

26) "朴彬居士成道後, 肉身騰空而去時放光于此峰故云放光臺."

27) "此正陽寺左有千命大衆, 寺後山崩, 千命盡死之時, 此封上夜有聲呼一念佛首座而生, 故云千一臺."

28) 입춘이 지나고 처음으로 돌아오는 갑자일로서 이날 비가 오면 그해 큰 흉년이 든다고 한다.

29) "此日卽春上甲"

30) "嶺東鄕人辦天氣云, 端午日水裏塞吹上, 則陰雨四十五日然後止也. 今日吹水裏塞云矣. 果自翌日陰雨矣."

31) "船價二兩作定, 乘船而去矣."

회·문화적 상황을 보여주는 내용도 기록하며, 생활상을 유추할 수 있는 부분도 다수 등장한다.

Ⅳ. 나오는 글

《봉래일기》는 신원사 고왕암을 거쳐 계룡산 동학사에 주석하던 청운 이면신이 1894년 갑오년 음력 3월에서 5월까지 3개월에 걸친 금강산 유람의 내용을 일기의 형식으로 작성한 기행문이다.

《봉래일기》는 〈봉래일기(蓬萊日記)〉와 〈서울[京山]에서 시작하여 금강산에 이르는 일기[自京山爲始至金剛日記]〉, 〈금강산 모든 곳의 판상시를 베껴냄[金剛諸處板上詩謄出]〉의 세 부분으로 구성되어 있다.

첫 부분인 〈봉래일기〉는 충청도에서 출발하여 서울에 도착한 후 근교를 여행한 내용이고, 〈서울에서 시작하여 금강산에 이르는 일기〉는 서울에서 출발하여 금강산을 유람하고 계룡산으로 돌아오는 여정, 마지막 〈금강산 모든 곳의 판상시를 베껴냄〉은 여정 중에 보았던 명사들의 시를 한곳에 모아 적어놓은 내용이다.

본 작품에서는 여행의 출발부터 돌아온 날까지 당일의 날씨와 만난 사람, 자신의 느낌과 중간 기착지 등이 이동 거리를 포함하여 비교적 자세하게 기록되어 있다. 특히 다른 금강산 유행기와는 달리 사찰을 중심으로 이동하고 머물고 있다는 특징이 있으며, 만난 인물들의 이름과 사찰과 관련된 설화와 연기, 지명과 관련된 설화, 산봉우리와 폭포·연못 등 명승지의 이름, 자연 풍광에 대한 묘사와 이에 대한 자신의 감회를 잘 표현하고 있다.

《봉래일기》에서는 저자의 한시가 8수 등장한다. 여기에서는 저자의 문학적 감수성이 드러난다. 특히 불교와 관련된 어구와 마음에 관한 문제가 다수 나오는 것으로서 저자가 불교에 심취한 것을 알 수 있다. 그리고 한글 지명을 그대로 쓰고 있고 음차한 지명도 있는 것을 통해 당시 조선 사회에 한글이 정착된 것을 알 수 있다.

또한 역사적인 측면에서도 승려명과 사찰에 대한 정확한 기록을 통해 조선 후기 불교사에서 중요한 자료로 활용될 수 있을 것이다. 그리고 승려로서 관청과의 교류, 외국인과의 교류, 외국 병선의 완람을 비롯한 장기·장거리 여행을 다녀왔다는 것을 통해 일부이긴 하지만 당시 승려들의 사회적 위상이 조선 중기보다는 높았음을 알 수 있다.

《봉래일기》은 조선 후기 승려의 금강산 기행문이라는 측면에서 역사와 문화적 가치를 지닌 작품이다. 《봉래일기》의 가장 큰 특징은 금강산에 있는 큰 사찰을 중심으로 평면 배치도와 전각의 이름을 상세하게 그려놓았다는 것이다. 이는 현재 진행되고 있는 사찰 복원의 기초 자료가 될 수 있으며, 금강산을 중심으로 하는 관광루트 개발과 스토리텔링의 중요한 자료로 활용할 수 있을 것이다.

봉래일기

봉래일기

3월

6일

오후에 길을 떠나 공주에 이름.

7일

비 때문에 이틀을 묵음.

8일

출발해야 하는데 혹 가고 오는 길에 침어(侵漁)[1]하는 폐단이 있을까 걱정스러워서 이 뜻을 영문(營門)에 아뢰었다. 모욕하고 침어하는 폐단이 있을까 단단히 타일러서 금하

---

1)   침어(侵漁): 남의 영역에 강제로 침범하여 빼앗음.

도록 할 것을 각 해당 지방관이 제교(題教)[2]하도록 하였는데, 제교가 늦어져서 출발할 수 없었다.

9일

공주에서 여정을 출발함. 잠시 영은사(靈隱寺)[3] 예운 화상(禮雲和尙)을 방문하여 본사(本寺)에 서간을 부쳤다. 바로 금강을 건너 광정(廣亭, 정안면)에 도착했는데 비를 만나 여막(旅幕, 주막)에 들어갔다. 점심 식사 후에 비가 그치지 않아 한숨 푹 자고 나서 문을 열고 보니 비가 그치고 구름이 끼어 있었다. 또 길을 나서 진계역(眞溪驛)에 이르러 묵었다. 차령을 넘으며 절구 한 수를 지었다.

공주 영은사.

---

2) 제교(題教): 제사(題辭)의 높임말. 조선 시대 관부에 올린 민원서의 여백에 쓰는 관부의 판결문 또는 처결문.

3) 영은사(靈隱寺): 충남 공주시 금성동 쌍수산(雙樹山) 공산성(公山城)에 있는 사찰. 1457년(세조3)에 세조의 명으로 창건하여 묘은사(妙隱寺)라 하였으며, 1624년(인조2) 이괄의 난 때 인조가 피신해와 은적사(隱蹟寺)라고 하였다. 이후 인조는 승병을 주둔하게 하여 북한산성·남한산성과 더불어 호국사찰로서의 의의를 갖는다.

寒菊昔年曉露結　찬 국화는 작년에 아침이슬이 맺히더니

野花今日夕陽紅　들꽃으로 오늘은 석양이 붉구나.

荐登車嶺緣何事　거듭 차령을 넘는 연유는 무엇인가?

聞道金剛在海東　금강산이 해동에 있다고 들었기 때문이지.

10일

천안읍에서 아침 식사를 하고, 성환(成歡)에서 점심 식사를 하였고, 칠원(柒原, 평택)에 이르러 묵었다.

11일

진위읍에서 아침 식사를 하고, 대황교(大皇橋)[4]에서 점심 식사를 하고, 화성 장안문 밖의 청련암(靑蓮菴)에 이르렀다. 엊그제 밤에 일해(一海)와 봉의(奉誼)가 이 암자에서 묵고 갔다.

---

4)　대황교(大皇橋): 정조가 사도세자 묘소인 화산 현륭원(顯隆園, 융건릉)으로 가던 버드내길에 세운 다리. 수원 유수 조윤대(曺允大)가 능원(陵園)의 북쪽 산기슭 밖에 대황교(大皇橋)를 세웠다는 기록이 《순조실록》[3년 계해(1803) 5월 21일(갑인)]에 있다. '수원군읍지'의 필로에 따르면 황교는 화성 유수부 남쪽 15리 안녕면 하유천에서 백여 보 떨어진 길 동편에 황교라고 새긴 표석이 있다고 했다. 처음 이름은 소황교(小皇橋)였는데, 1795년(정조 19) 대황교로 고쳤다. 수원 비행장 확장 공사로 1970년에 이 돌다리와 표석을 화산 융릉 입구에 옮겨 놓았다.

12일

대유평(大有坪)[5]을 지나 지지대고개를 넘고 갈산(葛山, 안양)에 이르러 점심 식사를 했다. 또 남태령을 넘어 동작강을 건넜다. 백련사(白蓮寺)[6]까지 가려고 하였으나 날이 이미 저물었다. 강변 여막에서 묵었다.

13일

새벽에 출발하여 백련사에 이르렀다. 행로가 많지 않았지만 날이 이미 낮이 되었다. 주인과 객이 서로 보고 깊이 기뻐하여 끝이 없었다. 몇 년 만에 상봉하는 까닭이라 생각된다. 오후에 비가 조금 내렸다. 이윽고 연선(衍禪)이 다시 왔으니, 가히 '만나서 소원을 풀었다'[7]고 이를 만하다. 경화(敬華)와 봉의(奉誼)를 보지 못하여 한스러우니, 또 벌써 가버린 것이다.

---

5) 대유평(大有坪): 수원 정자동 경기도의료원 수원병원과 수성고등학교·상공회의소 주변의 넓은 뜰을 가리키는 말.

6) 백련사(白蓮寺): 서울시 서대문구 백련산에 있는 한국불교태고종 소속 사찰이다. 신라 경덕왕 6년 (747) 진표 율사에 의해 창건되었으며, 초기에는 정토사(淨土寺)라 불리었다고 한다. 1399년(정종 원년) 무학 대사(無學大師)의 지휘로 함허 화상(涵虛和尙)이 중창하고, 세조의 장녀인 의숙공주가 부마인 하성부원군 정현조의 원찰로 정하면서 사명이 백련사(白蓮寺)로 바뀌었다. 1592년(선조 25) 임진왜란으로 소실되었으나 1662년(현종 3) 대법전을 중건하고, 1774년(영조 50) 낙창군(洛昌君) 이탱(李樘)이 중창했다.

7) 만나서 소원을 풀었다: 원문 '邂逅適願'. 《시경》〈정풍(鄭風)〉 '야유만초(野有蔓草)'의 "해후하여 서로 만났으니, 이제 나의 소원을 풀었도다.[邂逅相遇, 適我願兮]"에서 나온 말. 최치원의 〈무염화상비명(無染和尙碑銘)〉에 보임.

14일

　　종일 이슬비가 부슬부슬 내리며 그치지 않았다. 경운(景雲) 선사와 때때로 옛 사람의 법어(法語)를 보고, 때때로 옛날 정답던 일을 이야기하였다. 매우 편안히 즐겁게 웃으며 시간을 보내니, 객지의 쓸쓸한 회포를 문득 잊어버렸다. 그래서 본산(本山)에 있는 것과 다르지 않았다.

15일

　　아침에 구름이 끼었지만 낮에 볕이 들었다. 경화를 데려오라고 연선을 북한산성에 보냈다. 경화가 거기에 있었으니, 사형이 보살위축소(菩薩爲祝所)[8]를 일으킨 까닭이다.

16일

　　날씨 맑음. 북한산성에 간 사람이 끝내 소식이 없는 까닭에 고개 구름을 바라보며 다만 혼자 슬퍼할 따름이었다. '사람을 기다리는 일이 어렵고 어렵다(待人難待人難)[9]'는 것을 비로소 알았다. 햇살이 이따금 그칠 때 수좌(首座)가 홀연 인가(仁家; 仁의 집)에서 대나무 그릇 하나를 가지고 왔다. 그릇을 기울여 짐승인형 몇 개를 꺼내니, 옥토끼였다. 매우 깨끗하고 희고 기묘했다. 두 쌍씩 다섯 인형인데, 값이 한 쌍에 엽전 4냥을 주었다고 한다.

---

8)　보살위축소(菩薩爲祝所): 보살을 위해 축원을 해주는 곳이라는 뜻이다.

9)　사람을 … 어렵다(待人難待人難): 18세기에 편찬된 것으로 추정되는 조선의 가사집 《고금가곡(古今歌曲)》에 나오는 노랫말.

17일

오후에 해가 기울자 연선과 경화 두 선사가 도착하여 절하였다. 어제 오지 못한 연유를 책망하니, 경화가 감기로 앓았다고 대답하였다. 눈을 들어서 살펴보니 경화는 과연 아직도 병색이 있었다.

18일

인천 항구를 구경하고자 경운(景運) 선사와 경화(敬華), 계찬(戒贊), 짐꾼 1명, 도합 5명이 동행하였다. 양화강을 건너 점심 식사를 했다. 해가 진 어스름에 겨우 용동(龍洞)[10]의 이 씨 양반가에 다다라 거처를 정하여 묵었다. 이 집은 곧 경화가 이미 일찍부터 알고지내 왕래하는 집이다.

19일

옷매무새를 고치고 지팡이를 짚고 먼저 세관 뒤의 가장 높은 봉우리에 올랐다. 전후좌우를 차례로 굽어보니, 곧 바다 위에 뜬 것은 모두 청작황룡(靑雀黃龍)[11]이고, 땅에 빽빽한 것은 높고 큰 누대가 아닌 것이 없다. 그 웅장하고 화려함이 진실로 가히 우리나라에서 일찍이 보지 못한 광경이라 할 만하다. 물러나서 우리나라 사람이 사는 곳을 살펴보니 누추하고 협소한 것이 뒷간보다 심하다. 저 사람들이 사는 곳과 비교하면 가히 푸른 구름에 진흙탕이요, 기린과 봉황에 곤충이라고 이를 만하다. 비루하게 여기는 마음

---

10) 용동(龍洞): 인천 중구의 지명.
11) 청작황룡(靑雀黃龍): 큰 배를 가리킨다. 큰 배에 청작과 황룡을 그려 넣은 것이다.

이 자연히 가슴속에서 흘러나왔다. 우리나라의 인물이 재주가 없고 하찮음이 어찌 이처럼 심한지 한탄스러웠다. 또 봉우리에서 내려와 차례대로 두루 구경하였다. 가장 먼저 도착한 곳이 양의(洋醫)가 거처하는 곳이다. 몸에 병이 없으면 특별히 물을 만한 것이 없다. 그러나 달리 병이 있는 사람이라면 남자건 여자건 왕래하는 사람이 많았다. 서양 닭 암수가 있었는데 암탉은 비록 크지만 특별히 다른 것은 없는데, 수탉은 심히 흉측하여 오래 쳐다볼 수 없었다.

다음으로 청나라 순포(巡捕)[12]가 사는 곳에 들어갔다. 말은 비록 서로 통하지 않았으나 기쁘게 웃고 영접하는 도리가 우리나라 사람보다 배나 후하였다.

다음으로 서양 사람의 거처에 들어가고 싶었는데, 냉랭하고 쌀쌀맞아 들어갈 수 없었다.

다음에 화륜(火輪)[13]이 저절로 절구질하는 것을 보았다. 그 기계의 외양만 볼 수 있을 뿐이지 (작동 원리를) 생각할 수도 없고, 형언할 수도 없었다.

또 왜관(倭關)[14]의 본원사(本源寺)[15]에 들어가서 법당에 참배하였다. 부처님을 모시는

---

12) 청나라 순포(巡捕): 1883년부터 차이나타운 청나라 영사관이 있었던 곳에 순포를 두어 질서를 유지하였다. 1902년경에 순포청에는 십수 명의 순포가 있었고, 또 여러 명의 일본인을 순포로 채용하여 청국 거류지의 질서와 안녕을 도모하였다.

13) 화륜(火輪): 기선의 앞쪽이나 양옆에 다는 물레바퀴 모양의 추진기

14) 왜관(倭關): 일본인의 입국 및 교역을 위하여 설치하였던 장소로, 사관 및 상관의 기능을 담당하던 곳. 여기서는 인천 개항장을 가리킴. 개항장(Open Port)은 조약항(條約港, Treaty Port)라고도 한다. 여기서 가장 중요한 것은 외국인에게 부여된 거주와 통상의 권리인데, 개항장의 설정 목적 자체가 외국과의 통상에 있기 때문이다. 먼저 통상권은 자유롭게 무역할 수 있는 권리로 해관을 통하면 누구라도 직접 대외 수출입 무역에 종사가 가능하다. 그리고 거주권은 개항장의 일정한 범위 내에 외국인 전용의 토지를 구획해 그들이 거주할 수 있는 권리[가옥 및 토지 매입(임차), 사원·병원·묘지 조성 등]를 부여한 것이다. 이 구역을 '조계(租界)' 또는 '거류지'라고 하는데, 일반적으로 그곳의 행정권 및 사법권은 해당 영사나 자치 조직에 위임돼 있어 토착사회와 갈등의 소지를 낳거나 외교적 마찰의 발단이 되는 경우가 많았다. 인천에는 1883년과 84년에 일본전관조계[일본전관거류지(專管居留地)], 청국전관조계, 각국공동조계가 차례로 설치되었다.

15) 본원사(本源寺): 1885년 인천 사동에 설립된, 정토진종(淨土眞宗) 오타니파[大谷派]의 사찰. 1901년 준공.

법도를 보니 비록 웅장하지는 않았으나, 그 깨끗하고 묘함이 우리나라에는 없는 것이어서, 도리어 우리들이 부처님 모시는 게 거칠고 소략함이 막심한 것이 부끄러웠다. 스님은 다만 세 명이었는데, 기쁘게 맞이하여 접대하는 법도가 본국의 도반[同伴]과 다르지 않았다. 다과 등등을 내오는 예절에 매우 후의가 있었다.

1901년에 준공한 인천 본원사.

일

　　한위원(韓尉原) 덕에 전환국(典圜局)[16]에 들어가 돈을 만드는 기계를 둘러보았다. 그 화륜과 물통이 화륜선의 물바퀴[輪碇]와 대동소이하지만, 더욱 웅장하고 교묘해서 형용할 수 없었다.

---

16)　전환국(典圜局): 1883년(고종 20)에 설치되어 1904년(광무 8)에 폐지된 상설 조폐기관.

21일

본원사(本源寺) 스님과 함께 일본 병선(兵船)을 보려고, 배를 띄워서 멀리까지 가려고 했다. 중류에서 풍파가 갑자기 일어나서 뜻대로 이루지 못했다. 다만 윤선에 들어가 위아래로 다 관람하고 돌아왔다.

또 한위원(韓尉原) 덕에 청나라 이사대인(理事大人)[17]의 명함[名帖]을 얻어 내어 본국의 순포와 같이 청나라 병선에 들어가서 위아래를 두루 살폈다. 그 병기의 유무가 비록 조금 다르다고 하나 화륜의 제도는 그 방식이 같았다. 이날 저물녘에 석암(石岩)[18] 저자에 돌아와 묵었다.

22일

양화도에 이르러 점심 식사를 하고, 강을 건너 백련사(白蓮寺)에 이르니 날이 이미 저물었다.

23일

밤부터 안개가 끼고 구름이 짙더니 이슬비가 그치지 않았다.

---

17) 이사대인(理事大人): 인천의 청국조계에서 근무한 관리로 보인다.
18) 석암(石岩): 인천 남구 주안동에 있다. 현재는 석바위근린공원 또는 대머리공원이라고 불린다.

낮에 이르러 볕이 나서 화계사(華溪寺)[19]에 가려고 했으나 먼저 흥천사(興天寺)[20]에
이르자 날이 저물려 했다. 다리 또한 피로해서 바로 유숙하러 들어갔다. 바야흐로 시왕
전을 짓는 큰일을 하는데, 내일 상량(上樑)한다고 한다. 뜻밖에 갑자기 용화당(龍華堂)을
만났으니 곧 규(奎)의 큰형이다. 처음 보는데 구면인 것처럼 대접이 후하였다. 편안한 잠
자리와 따뜻한 식사가 모두 그의 힘이다.

화계사 전경.

흥천사 극락보전.

---

19)　화계사(華溪寺): 서울시 강북구 수유동에 있는 사찰. 1522년(중종 17) 신월(信月) 선사가 창건했다.
　　1618년(광해군 10) 화재로 전소되었으나 1919년(광해군 11) 도월(道月)이 덕흥대원군(德興大院君) 가
　　문의 시주로 중창했다. 1866년(고종 3) 용선(龍船)과 범운(梵雲)이 흥선대원군(興宣大院君)의 시주
　　로 삼창을 한 후 1875년(고종 12) 궁궐에서 자수관음상을 이운하고, 1878년(고종 15) 조대비의 시주를
　　받아 명부전을 건립하였다.

20)　흥천사(興天寺): 서울시 성북구 돈암동에 있는 사찰. 1395년(태조 4) 신덕왕후 강씨(神德王后康氏)가
　　죽자 1396년 정릉(貞陵)으로 능지(陵地)를 정하고 원당(願堂)으로 능의 동쪽에 170여 칸의 절을 세워
　　흥천사라고 했다. 극락보전(極樂寶殿)에 궁중의 원불인 명국보타락가산 42수 관음보살상을 봉안하
　　고, 수도와 보국안민(輔國安民)을 기도하는 법회를 했다. 1510년(중종 5) 화재로 소실되자 1569년(선
　　조 2) 왕명으로 함취정(含翠亭) 유지(遺址)로 옮겼으나, 1794년(정조 18) 성민(聖敏)과 경신(敬信)의
　　발원으로 현재의 위치로 옮겨 짓고 절 이름을 신흥사(神興寺)로 바꾸었다. 1865(고종 2)년에 다시 원
　　래 이름인 흥천사로 사명을 바꾸었다.

25일

올라가 적조암(寂照菴)[21]을 보고 봉국사(奉國寺)[약사사(藥師寺)][22], 경국사(慶國寺)[청암사(靑岩寺)][23]를 차례로 둘러보고 화계사(華溪寺)에 이르러 하월(荷月)의 집에 묵었다.

적조암 전경.

봉국사 전경.

---

21) 적조암(寂照菴): 서울시 성북구 돈암동에 있는 사찰. 1849년(헌종 15) 혜암 성혜(慧庵性慧)가 창건한 흥천사의 부속암자이다.

22) 봉국사(奉國寺)[약사사(藥師寺)]: 서울시 성북구 정릉동에 있는 사찰. 1395년(태조 4) 무학 대사(無學大師)가 약사여래(藥師如來)를 봉안하고 약사사(藥師寺)로 창건하였다. 1464년(세조 14)에 중건, 1882년(고종 19) 임오군란 때 불탄 것을 다음해 청계(淸溪)와 덕운(德雲)이 중창했다. 언제 봉국사로 사명이 바뀌었는지는 알 수 없다.

23) 경국사(慶國寺)[청암사(靑岩寺)]: 서울시 성북구 정릉동에 있는 사찰. 1325년(충숙왕 12) 정자(淨慈) 율사가 창건하여 청암사(靑巖寺)라고 하고, 1330년경 무기(無寄)가 상주하며 천태종을 크게 떨쳤으며, 1331년 채홍철(蔡洪哲)이 선방을 증축하여 선승들의 수도를 후원했다. 1352년(공민왕 1) 금강산 법기도량(法起道場)을 참배하고 남하한 인도승 지공(指空)이 주석하였다. 1507년(중종 2) 억불정책으로 모든 건물이 퇴락된 채 빈 절로 남아 있다가 1545년 왕실의 도움으로 중건되었다. 1546년(명종 1) 명종의 즉위로 문정왕후가 섭정하면서 왕실의 시주로 건물을 전면 중수하고 낙성식과 함께 국태민안을 위한 호국대법회를 열었는데, 그때 부처님의 가호로 나라에 경사스러운 일이 항상 있기를 기원하는 뜻에서 경국사로 사명을 바꾸었다. 창건 이래 계맥을 이어온 도량으로서 정토사상을 중심으로 한 기도도량으로도 유명하다.

경국사 전경(사진 왼쪽)과 경국사 명부전.

26일

백운대에 오르려 하였는데, 하월이 내일 같이 가자며 머무르기를 간청하기에 그만
두었다.

27일

하월과 정문(正文) 합쳐서 4인이 같이 갔다. 도시락을 가지고, 넝쿨을 붙잡고 올랐
다. 오르는 산길이 어렵고 어려웠다. 꼭대기에 이르니 곧 백운대이다. 강화도 바다 빛이
홀연 산 아래 보인다. 수락산과 도봉산이 감히 높지 않으니, 삼각산이 가장 높은 봉우리
임을 알 만하다. 과연 하나의 쾌활한 소식이다.

그리고 백운대에서 내려와 도선암(道詵菴)[24][성 밖 동쪽 산기슭], 태고사(太古寺)[25], 중흥

---

24) 도선암(道詵菴): 서울시 강북구 우이동에 있는 사찰. 862년(경문왕 2) 도선(道詵)이 창건하고, 큰 암
    석을 손으로 갈라서 마애관음보살상을 조각했다고 한다. 1863년(철종 14) 김좌근(金左根)의 시주
    로 중수하고, 1887년(고종 24) 임준(任準)이 석가모니의 진신사리를 봉안한 오층탑을 건립하였으며,
    1903년 혜명(慧明)이 고종의 명을 받아 대웅전을 중건, 1904년 국가기원도량(國家祈願道場)으로 지
    정받았다. 현재는 도선사로 불린다.
25) 태고사(太古寺): 경기도 고양시 북한동에 있는 사찰. 1341년(충혜왕 복위 2) 보우가 중흥사의 주지로

사(重興寺)[26]를 두루 돌아보았다. 또 중흥사에 전해지는 비취(翡翠) 옥향로와 옥향합, 옥탑, 옥병과 화유대(花柚臺)를 살펴보았다.

바로 대동문으로 나와서 하월의 집으로 돌아왔다.

28일

비바람이 종일 몰아쳐서 오는 사람이 없으니 주인과 함께 이야기를 하며 나그네 시름을 달랬다.

29일

도봉산에 들어갔다. 산 아래에서 절구 1수를 지었다.

雨霽靑天雲散了　비가 개니 푸른 하늘에 구름이 흩어지고
隨南隨北信筇遊　남으로 북으로 지팡이에 의지해 유람하네.
道峯山下緣溪路　도봉산 아래 시냇길 따라
無限風光次第求　끝없는 풍광을 차례로 구하네.
천축사(天竺寺)[27]에 이르러 점심 식사를 하였다.

있으면서 '동암'이라는 수도처로 창건한 곳으로 여러 차례의 중건과 중수가 있었으나, 6·25전쟁 때 소실된 것을 복원하여 현재에 이르고 있다. 보우가 입적한 이후부터 태고사로 불리었다.

26) 중흥사(重興寺): 경기도 고양시 덕양구 북한동에 있던 사찰로서 현재는 그 터만 남아 있다. 창건연대는 알 수 없지만 고려 말 보우가 중수했다고 전해진다. 1713년(숙종 39)에 북한산성을 축성하면서 30칸을 139칸으로 증축하였다. 특히 승군이 주둔하던 북한산성 안의 사찰들을 관리하였으나, 1915년 홍수 때 무너져 현재 주춧돌과 축대만 남아 있다.

27) 천축사(天竺寺): 서울시 도봉구 도봉동에 있는 사찰. 673년(문무왕 13)에 의상(義湘)이 만장봉 동북

그리고 석양에 망월사(望月寺)[28]에 이르렀다. 절은 당나라 정관(貞觀) 연중에 해호(海浩) 선사가 처음 창건하고, 송나라 영종 때 혜거(慧炬) 선사가 중창한 까닭으로 절 옆에 혜거 선사의 부도가 있다. 또 그 아래 천봉(千峰) 화상의 부도가 있는데 수관(水觀) 거사가 비명을 지었다.

그날 오전 건봉사(乾鳳寺) 학산(鶴山) 스님이 열반에 드셨다. 골짜기 아래에 빈소를 내니 가히 생사가 반드시 인연이 있는 땅에 있고, 인생이 아침이슬처럼 무상함을 이로써 알 만하다. 또한 하물며 나와 학산 화상은 예로부터 정답고 친하였으니 그 비통한 슬픔을 이루 다 말할 수 있겠는가.

천축사 전경.

쪽 기슭에 있는 의상대(義湘臺)에서 수도할 때 현재의 위치에 절을 창건하고 옥천암(玉泉庵)이라고 했다고 한다. 고려 명종대 영국사(寧國寺)의 부속암자가 되었다가 1398년(태조 7) 함흥에서 돌아오던 태조가 백일기도 하던 것을 상기하여 중창한 후 천축사라는 사액(寺額)을 내렸다. 1474년(성종 5)에 왕명으로 중창하였고, 명종 때는 문정왕후(文貞王后)가 화류용상(樺榴龍床)을 헌납하여 불좌(佛座)를 만들고, 1812년(순조 12)에는 경학(敬學)이 중창하였다.

28) 망월사(望月寺): 경기도 의정부시 호원동 도봉산에 있는 사찰. 신라 때인 639년(선덕여왕 8)에 해호화상(海浩和尙)이 왕실의 융성을 기리고자 창건했다. 절의 이름은 대웅전 동쪽에 토끼 모양의 바위가 있고, 남쪽에는 달 모양의 월봉(月峰)이 있어 마치 토끼가 달을 바라보는 모습을 하고 있다는 데서 유래하였다. 고려 시대인 1066년(문종 20) 혜거 국사(慧炬國師)가 중창한 이후의 연혁은 확실하지 않으나, 여러 차례의 전란으로 황폐해졌다가 조선 시대인 1691년(숙종 17) 동계(東溪) 설명(髙明)이 중건했다. 1796년 수관거사(水觀居士)가 명(銘)한 망월사천봉선사탑비(경기문화재자료 67) 등이 있다.

봉래일기

4월

1일

망월사에서 덕사(德寺)[29]로 향하여 가는데 비가 오려는 기미가 있어 하월의 집으로 돌아갔다. 오후에 과연 비가 왔다. 도중에 절구 한 수를 지었다.

辭下故山今幾日　본사를 떠난 지 이제 며칠째인가
到城早已大麥黃　성에 이르니 벌써 보리가 누렇구나
這間看度山與水　그 사이에 산과 물을 보고 지나왔는데
安得移來畵我墻　그 풍경 옮겨 내 담장에 그릴 수 있을까

---

29) 덕사(德寺): 경기도 남양주시 별내동에 있는 사찰. 599년(진평왕 21) 원광(圓光)이 창건하여 수락사(水落寺)라고 했다. 1568년(선조 1)에 왕이 이 절에 덕흥대원군(德興大院君)의 원당(願堂)을 짓고 편액을 하사하여 흥덕사(興德寺)라고 개칭하였는데, 이 원당을 바탕으로 덕절(德寺)이라고 부르게 되었다. 1626년(인조 4) 흥국사(興國寺)로 개명하여 현재까지 이르고 있다. 1793년(정조 17) 왕실의 시주를 받아 기허(騎虛)가 대웅전을 중수하고, 1818년(순조 18) 만월전(滿月殿)과 양로실(養老室)을 제외하고 모든 요사(寮舍)가 불타버린 뒤, 4년 만에 왕명에 의하여 기허가 대웅전 등 법당과 요사를 중건하였고, 1856년(철종 7) 은봉(隱峰)이 육면각(六面閣)을 중수하고 단청하였으며, 1870년(고종 7)에 시왕전(十王殿)을 중수하였다. 이 절은 덕흥대원군의 묘소를 모신 이래로 왕가에서 편액을 내리고 중수·중건을 실시했던 사찰로서 1790년(정조 14)에는 봉은사·봉선사·용주사·백련사 등과 함께 관리들이 머무르면서 왕실의 안녕을 비는 오규정소(五糾正所)의 한 사찰로 채택되었다.

2일

흐렸으나 비는 오지 않아서 도봉산을 향해 출발했는데 도중에 큰 비를 만나 천장산(天藏山)[30] 만수사(萬壽寺) 묘학(妙學)의 집으로 들어갔다.

3일

오후에 비로소 개었다. 천보산(天寶山)[31]으로 향해 가는데 시냇물이 많이 불어서 건너기가 매우 어려웠다. 도중에 게다가 취객을 만나 느닷없이 곤욕을 보니 오늘 운수가 좋지 않음을 알 만하다. 객지의 고생이 어렵고도 어려운 것을 여기에서 가히 알 만 하다.

천보산 학도암(鶴到菴)[32]에 이르러 운선(雲船) 스님과 함께 만나 불전(佛前)으로 돌아왔다. 신향(信向)이란 사람이 있는데 또한 친분이 있는 사람이다. 신향이 중풍으로 손발을 모두 떨면서 나를 향해 눈물을 뚝뚝 떨구며 죄업을 깊이 한스러워했다. 그 모습을 보니 슬프지 않을 수 없다. 개탄한들 어찌하랴? 이것은 전생의 숙업이런가?

---

30) 천장산(天藏山): 서울시 동대문구 회기동·청량리동·석관동에 걸쳐 있는 해발 140m의 산으로 사찰의 입지 유형에서 가장 뛰어난 명당터로서 '하늘이 숨겨놓은 곳'이라는 뜻이다.

31) 천보산(天寶山): 노원구 상계동·중계동·하계동·공릉동에 걸쳐 있는 산으로서, 천보사가 있어 붙여진 이름이다. 불암산(佛岩山) 또는 필암산(筆岩山)이라고도 한다.

32) 학도암(鶴到菴): 노원구 중계동의 불암산에 있는 사찰. 1624년(인조 2) 무공 화상(無空和尙)이 불암산에 있던 암자를 현재의 위치로 옮긴 후 1878년(고종 15) 벽운(碧雲)이 중창했다. 현재 암자 뒤편에 1870년(고종 7) 명성황후가 발원하여 조성한 마애관음보살좌상이 있다.

4일

오후에 이슬비가 비로소 개었다. 고개 하나를 넘어 불암사(佛巖寺)[33]에 이르렀다. 절은 곧 지증(智證) 선사가 창건하고, 도선(道詵)과 무학(無學)이 또 중건하여 보수했었다. 지금은 11능(陵)의 조포사(造泡寺)[34]이다. 저녁 이후에 본사에서 서찰이 왔는데 희소식이 아니고 불행한 소식이었다.

5일

수락산 성사(聖寺)[35]에 이르니, 절은 본래 내원암(內院菴)이다. 안산에 한 바위가 있어 모양이 불상과 비슷해서 '미륵봉'이라 하기 때문에 절을 '내원암'이라 부른다. 정조 때에 이 암자에서 아들을 빌었기 때문에 '성사'라 이르기 시작하였다.

포화(布化)와 함영(含影)을 만나서 이야기를 나누었다.

시간이 흘러 또 덕사에 다다르니 절이 근래[36]에 화재를 당해서 또 다시 중건하게 되었는데, 웅장하고 찬란해서 새로웠다. 제암(霽菴) 화상이 크게 공적이 있다. 일해(一海)

---

33) 불암사(佛巖寺): 경기도 남양주시 별내동에 있는 사찰. 824년(헌덕왕 16) 지증 대사(智證大師)가 창건하고 도선(道詵)이 중창, 무학(無學)이 삼창했다, 서울 근교 4대 명찰의 하나로서 세조 때 왕실의 원찰 중 하나로 꼽혔다. 현재 보물 제591호 석씨원류응화사적책판(釋氏源流應化事蹟冊板) 212매의 목판을 소장하고 있다.

34) 조포사(造泡寺): 능이나 원에 딸려 제수물품을 공급하던 절로서 조포는 두부를 만든다는 의미이다.

35) 성사(聖寺): 경기도 남양주시 별내면에 있는 사찰. 신라 시대 창건하였다고 하나 창건자는 미상이다. 1693년 숙종이 수락산에서 백일기도를 하여 영조를 얻고, 순정왕후가 300일 기도 후 순조를 출산하여 왕실과의 관계가 맺어지면서 사세가 확장되었다.

36) 덕사는 1818년(순조 18) 만월전(滿月殿)과 양로실(養老室)을 제외한 모든 요사채가 전소된 후 4년 만에 왕명에 의해 대웅전과 요사채를 중수하였다.

와 상봉하게 되니, '타향에서 고향 사람을 만났다'[37]고 할 만하며 특별히 정감이 있었다.

6일

또 하월의 집에 돌아가 월초(月初) 화상과 이야기하며 소일하였다.

7일

본사에 보내는 편지를 써서 정아(鄭雅)편에 보냈다. 저녁까지 또 비가 왔다.

8일

(내용 없음.)

9일

전라도에 동도(東徒)의 변란[38]이 있어서 정예 병사 5백 명이 인천에서 화륜선을 타고 갔다고 들었다. 또 능행(陵幸)을 그만둔다는 명을 들었다. 다만 주교(舟橋)[39]라도 보려는 마음이 있어 노량을 향하여 갔는데 또 다리가 철거되었다고 들었다. 곧 두포(斗浦)로

---

37) 타향에서 고향 사람을 만났다: 원문 '他鄉逢故人'은 초학자들의 학습서인 《추구(推句)》에 나오는 구절이다.

38) 동도(東徒)의 변란: 동학군은 1894년 음력 3월 하순에 백산에 모여 2차 봉기를 했다. 5월 8일(음력 4월 4일) 부안을 점령하고, 5월 11일(음력 4월 7일) 황토현에서 관군을 대파했다.

39) 주교(舟橋): 배다리. 배를 이어서 만든 임시 교량.

향하여 두루 구경한 뒤에 겨우 만수사(萬壽寺)에 이르러 묵었다.

서울[京山]에서 시작하여 금강산에 이르는 일기

4월

10일

오후에 화계사에서 출발하여 양주 천천(泉川)【샘내】주막에 이르렀다.【이 날 60리를 갔다.】

11일

양주 소요산 자재암(自在菴)[40]에 이르렀다.【40리를 갔다.】

원효(元曉) 조사가 점지한 자리로 태고(太古) 화상이 중건하고 순조 때 제허(霽虛) 스님이 세 번째 창건하였는데, 아주 작은 암자였다. 지금은 수락산 덕사의 제암(濟菴) 화상이 자다가 감몽(感夢)하여 옛것을 일소하고 크게 지으니 네 번째 창건이다. 암자의 이름

---

40) 자재암(自在菴): 경기도 동두천시 상봉암동에 있는 사찰. 654년(무열왕 1) 원효(元曉)가 창건하고, 974년(광종 25) 각규(覺圭)가 태상왕의 명으로 중창하였다. 1153년(의종 7) 화재로 소실된 것을 각령(覺玲)이 대웅전과 요사채를 복구한 후 1872년(고종 9) 원공(元空)과 제암(濟庵)이 중창하여 영원사(靈源寺)라고 했다. 1907년 화재로 다시 소실 이후 1909년 성파(性坡)와 제암이 절을 중창하여 다시 자재암이라고 했다.

은 '자재(自在)'인데, 나한(羅漢)[41] 도량인 까닭이다. 지금 편액에는 '영원사(靈源寺)'라 쓰여 있다.

판도방(辦道房)【만일회(萬日會)[42]를 한다.】, 만월보전(滿月寶殿), 영산전(靈山殿), 천태각(天台閣)【뒤쪽 바위 아래 있다.】, 단하각(丹霞閣)【석굴 아래 있다.】이 있다.

또 좌우에 폭포가 있다. 왼쪽이 크고 오른쪽이 작다. 또 석굴이 있는데, 샘물이 굴 안에 있다. 샘의 흐르는 모양이 공주의 죽암(竹岩)[43]과 서로 비슷하다. 산 안에 백운사(白雲寺)와 원효암(元曉菴)이 있다. 또 의상대 돌계단[空砌]이 있다고 한다.

12일

연천 수려동(水麗洞)에서 점심 식사를 했다. 또 수려동에서 길이 나뉘어 보개산 골짜기로 들어가니 산을 따라 물을 돌아 굽이굽이 도는 시냇길을 30리를 갔다. 심원사(深源寺)[44]에 이르러 묵었다.【즉 철원 땅이다. 오늘 70리를 갔다.】

---

41) 나한(羅漢): 아라한(阿羅漢)의 줄임말이다. 아라한은 일체의 번뇌를 끊고 지혜를 얻은 사이기 때문에 사람과 하늘의 스승으로서 공양 받을 만한 이를 가리킨다.

42) 만일회(萬日會): 아미타불을 믿고 극락정토의 왕생을 위해 조직되는 신행의 모임. 염불만일회(念佛萬日會)·염불계(念佛契)라고도 한다. 일반적으로 1만 일을 기한으로 잡고 행한다고 하여 만일회라 부른다.

43) 죽암(竹岩): 공주 정안면 대산리. 죽암 산신제가 알려져 있다.

44) 심원사(深源寺): 강원도 철원군 동송읍에 있는 사찰. 647년(진덕여왕 1)에 영원 조사(靈源祖師)가 흥림사(興林寺)로 창건하였다. 859년(헌안왕 3)에 범일 국사(梵日國師)가 중창하고, 1393년(태조 2)에 화재로 소실된 것을 1396년에 무학(無學)이 중창하여 원래 산이름이었던 영주산(靈珠山)을 보개산으로, 사명을 심원사로 개칭하였다. 임진왜란 시 소실된 것을 1595년(선조 28)에 인숭(印崇)과 정인(正印) 등이 중건했다. 1907년 의병과 관군의 공방으로 소실된 것을 1909년 중창하였으나 6·25전쟁 때 다시 폐허가 된 것을 김상기(金相基)가 철원군 신서면 내산리의 옛터(현재 군부 통제 지역)에서 현재의 위치(동송읍)로 옮겨 중창하였다.

궁예 때 범일 국사(梵日國師)가 처음 창건[45]하고, 무학 국사(無學國師)가 중건하였다. 옛날에는 보주산 흥림사(興林寺)라 하였으나 지금은 보개산 심원사(深源寺)라고 한다.

판도방【삼대사(三大士)[46]의 존상(尊像)을 봉안하였는데 동각(東閣) 법당의 불상보다 조금 크다.】

천불전(千佛殿)

명부전(冥府殿)

응진전(應眞殿)

노전(爐殿)【바야흐로 큰 역사를 펼쳐 중건하고 있다.】

성주암(聖住菴), 지장암(地藏菴), 남암(南菴)【여기는 비구니 처소이다.】

석대암(石臺菴)【옛날에 이순석(李順碩)이 있었는데 사냥을 좋아하였다. 하루는 멧돼지 한 마리를 쏘고 쫓아갔는데 멧돼지가 쫓기다 우물에 들어갔다. 쫓아가 그것을 보니 멧돼지는 간 곳이 없고 지장 석상이 하나 있었는데 오른쪽에 화살을 맞고 우물에 앉아 있었다. 순석이 뉘우치고 두려워하여, 그 화살을 뽑으려 했으나 뽑을 수 없었다. 그래서 옛일을 고쳐 도를 닦는 뜻으로 원(願)을 세우고 참회하니 화살이 저절로 빠졌다. 그 위에 석대를 쌓고 석상을 봉안하여 도를 닦아 사흘 만에 도를 이루어 육신이 공중으로 떠올랐다. 그 까닭으로 이것을 '석대'라고 부른다고 한다.】

안양암(安養菴)【산 바깥 북쪽 기슭에 있다.】

복희암(福禧菴)【안양암 뒷산에 있는 기도처이다.】이 있다.

---

45) 범일 국사(梵日國師)가 처음 창건: 이 부분은 일반적으로 전해지는 심원사의 창건 기록과 다르다.

46) 삼대사(三大士): 영원 조사, 범일 국사, 무학 대사의 3명으로 추정된다. 현재 존상은 존재하지 않는다.

13일

철원 현정(懸井)에서 묵었다.【궁예가 철원을 도읍으로 삼고, 멀리 이 우물에서 물을 길어 먹은 까닭으로 '다래우물'[47]이라 한다. 이 날 70리를 갔다.】

14일

평강 지역에 들어갔다. 축아령(築阿嶺)[48]을 넘어 국수당(菊秀塘)에서 묵었다.【이 날 130리를 갔다.】

15일

1910년대 석왕사 전경과 석왕사 호지문.《조선고적도보》.

---

47) 다래우물: 1921년《개벽》제7호에 실린 기사에 따르면 "月井里의 이름 잇는 다래우물(月井)에서 어린 색씨의 공손히 주는 물을 마시고"라는 표현이 등장하는 것을 미루어 보아 '달의 우물'이라고 불리었던 강원도 철원군 철원읍 홍원리로 추정된다.

48) 축아령(築阿嶺): 강원도 평강군 고삽면과 함경남도 안변군 신고산면 사이에 있는 고개로서 '추가령(楸哥嶺)'으로 불린다. 이명으로 '죽가령(竹駕嶺)'으로도 불리고 있다.

안변 설봉산 석왕사(釋王寺)에 들어가 수군당(壽君堂)에서 묵었다.【이 날 1백 리를 갔다.】

이 사찰은 태조대왕의 원당(願堂)[49]이다. 태조가 홍무(洪武) 17년(1392) 갑자년에 멀리 금마(金馬)【지금은 익산】에서 와서 학성(鶴城)【낭성(浪城)】에 잠시 머물며, 하루는 잠깐 잠이 들었는데 꿈에서 1천 집의 닭이 동시에 울고, 또 1천 집의 다듬잇돌이 동시에 울리고, 또 꽃이 떨어지고 거울이 깨지는 것을 보고, 또 무너진 집에 들어가 몸에 서까래 세 개를 지고 나왔다. 깨어서 이를 이상히 여겨 한 노파에게 해몽하고자 하였다.

노파가 해몽을 멈추고 말하기를, "나는 여자인데 어찌 능히 대장부의 꿈을 풀겠는가? 설봉산 토굴에 도승이 하나 있으니 그에게 가서 물어보시라." 하였다.

태조가 가르침에 따라 가서 무릎을 꿇고 꿈의 징조를 물으니, 스님이 지긋이 그를 보더니 이것은 길몽이라고 말하였다. 1천 집의 닭이 울면 반드시 꼬끼오(高貴位)[50] 소리가 있고, 1천 집의 다듬잇돌이 울리는데 어찌 어근당(御近當)[51] 소리가 없겠는가. 또 꽃이 떨어지면 응당 열매가 있고, 거울이 깨지면 어찌 소리가 없겠는가? 꿈에 서까래 셋을 졌으니 이는 '왕(王)'자에 해당한다. 삼가 발설하지 말고 이 땅에 절을 하나 짓고 이름을 석왕【꿈 꾼 왕(王)자를 해석한 까닭이다.】이라 하시오. 또 오백나한을 모셔 공양하면 크게 성인의 도우심이 있을 것이니 이후에 주선하시오."【오백 성인을 공양하는 것은 오백년 동안 지속되는 나라의 복이 됨을 이름이다. 지금까지 공양을 베풀고 있다.】

태조께서 말하기를, "공경히 가르침을 받겠습니다."라고 하고, 1년 안에 절을 세우고 3년 안에 오백 성인을 모셔 공양했다.

태조가 임신년에 등극한 후에 설봉산에 들어가 그 스님을 찾아 왕사(王師)로 삼아

---

49) 원당(願堂): 시주자의 소원을 빌거나 죽은 사람의 화상이나 위패를 모셔 놓고 명복을 비는 법당.

50) 꼬끼오(高貴位): '고귀위(高貴位)'는 '높고 귀한 자리'를 뜻한다.

51) 어근당(御近當): '어근당(御近當)'은 다듬이질하는 소리를 가리키며, 또한 임금 자리를 가까이 함이 당연하다는 뜻을 지닌다.

봉하니 곧 무학(無學)이다. 이것이 석왕사가 창건된 이유이다. 사찰로서 폐단 없음이 팔도에서 최고인데, 부족한 것은 곡식이 귀하다는 것이다.

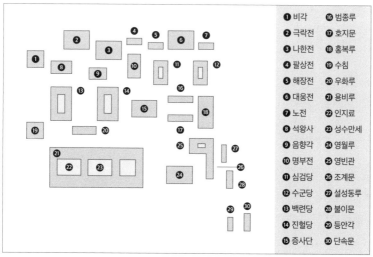

❶ 비각	⓰ 범종루
❷ 극락전	⓱ 호지문
❸ 나한전	⓲ 홍복루
❹ 팔상전	⓳ 수침
❺ 해장전	⓴ 우화루
❻ 대웅전	㉑ 용비루
❼ 노전	㉒ 인지료
❽ 석왕사	㉓ 성수만세
❾ 음향각	㉔ 영월루
❿ 명부전	㉕ 영빈관
⓫ 심검당	㉖ 조계문
⓬ 수군당	㉗ 설성동루
⓭ 백련당	㉘ 불이문
⓮ 진헐당	㉙ 등안각
⓯ 증사단	㉚ 단속문

《조선고적도보》에 게재된 석왕사 전경(사진 위)과 《봉래일기》의 석왕사 사찰 배치도.

절 안에 설하당(雪河堂), 용악당(龍岳堂), 환선당(幻船堂), 완명당(玩明堂), 월화당(月華堂), 영어당(泳魚堂), 월암당(月岩堂) 대사(大師) 등이 계셨다.

16일

날씨가 맑음. 피곤함을 이기지 못하여 또 수군당에서 묵었다.

17일

종일 비바람이 불었다. 심검당(尋釰堂)으로 옮겨 묵었다. 월화당은 비록 초면이었으나 서로 아는 것처럼 대하여 조실(祖室)에서 같이 묵었다.

18일

아침에 차를 마신 후 내원암(內院菴)에 올라 보고 돌아왔다. 오후에 비가 조금 왔다.【이 날이 곧 춘상갑(春上甲)[52]이다.】

19일

안변 황룡산에 이르러 보현사(普賢寺)에서 묵었다.【40리를 갔다.】

어느 조사가 창건하였는지 알지 못하나 신라의 고찰일 것이다. 명나라 태조가 이 절에서 책을 읽은 까닭으로 명나라 태조의 원당이 되었다. 천자가 네 분의 금상(金像)을 보내 봉안하였으나 지금은 다만 서쪽변의 보살상만 있다고 한다. 또한 절 아래 무지개다리는 명나라 석수장이가 쌓은 것이라고 하나 고증할 만한 문헌이 없다. 대개 옛날에 큰 절이었으나 지금은 부서짐을 면치 못한 것이다.

---

52) 춘상갑(春上甲): 입춘 지나고 처음으로 돌아오는 갑자일. 이날 비가 오면 그해 큰 흉년 든다고 한다.

20일

깃대박이고개(旗竹博伊嶺)에 올라 동쪽을 바라보니 하늘에 중방(中坊)이 있어 위는 푸르고 아래는 검었다. 그 까닭을 알지 못하였으나 오래 앉아 자세히 보니, 곧 동해였다. 오늘 비로소 바다가 하늘 아래 가장 큰 물건이 됨을 알았다.

고개를 따라 내려와서 천곡사(泉谷寺)에 이르렀다.【70리를 갔다.】또한 안변 황룡산이다. 절 이름은 혹 '흥곡사(興谷寺)'라고도 한다.

21일

흡곡(歙谷)을 지나 통천(通川)에 이르렀다. 총석정에 올라서 둘러보니, 진실로 천하의 제일 기이한 경치라 이를 만하였다. 산에 붙은 석벽이 다 그러하였고, 물속에 솟아 나온 것도 또 열 몇 개다. 통천읍에 이르러 여막에서 묵었다.【50리를 갔다.】

22일

석저교(石底橋)를 지나 들판에서 큰 바람을 만나니 삿갓이 머리에 붙어 있지 않고 입은 숨을 쉴 수 없었다. 가히 영동의 바람이 남방보다 배나 세참을 알 수 있었다. 겨우 용공사(龍貢寺)에 이르니 즉 금강산 기슭 통천 땅이다.【30리를 갔다.】

절은 곧 고려 와룡 조사(臥龍祖師)[53]가 창건했다. 고을의 세금을 이 절에 바치게 하는 까닭으로 '용공(龍貢)'이라 이른다. 지금은 즉 역대 임금의 어필(御筆)을 봉안하고 경우궁

---

53) 와룡 조사(臥龍祖師): 신라 흥덕왕 때의 사람. 와룡은 중국 달마 대사의 후신이라는 전설이 있는데, 왕실의 각별한 배려로 군공(郡貢)을 받았으므로 용공사라 하였다고 전한다.

(景祐宮)[54]의 원당으로 삼았다. 지난 경신년(1860)의 자연 화재로 모두 다 불탔었고, 갑신년(1884)에 도적들이 불을 질러 또 한번 불탔다. 다시 중건하였으니, 제암(濟菴) 화상이 또한 크게 공적이 있다.

극락보전【비록 웅장하지 않으나 매우 널찍하다.】, 응진전(應眞殿), 단하각(丹霞閣), 독성각(獨聖閣), 판도방(辦道房)【또한 매우 웅대하다.】, 축성전(祝聖殿), 종루(鍾樓), 노전(爐殿), 관동제일의 난야(蘭若)[55]【즉 별당】, 열반당(涅盤堂), 수침(水砧, 물레방아), 골짜기 아래 용폭(龍瀑)이 있다.【물과 바위가 또한 좋다.】

23일

장림(長林)을 지나【즉 장안사(長安寺)의 정구(精臼)이다.】 사령령(使令嶺)을 넘어【이 고개 북쪽 골짜기 좌우의 봉우리들은 관동에서는 평범하지만, 만약 충청도에 있었다면 마땅히 기묘한 경치로 이름난 곳이 되었을 것이다.】 벌떼[筏]【또는 떼벌. 음과 해석을 모두 쓴다.】 여막에서 묵었다.【100리를 갔다.】

24일

철이령(鐵耳嶺)을 넘어【만약 회양으로부터 오면 절에서 50리 거리에 단발령이 있다. 단발령은 고려 때에 왕(王) 장군이 이 고개를 올라 중향봉 등을 바라보며 삭발했다고 해서 그렇게 불린다.】 괘궁정(掛弓亭)을 지나【또한 왕 장군의 일이다.】 장안사(長安寺)에 들

---

54) 경우궁(景祐宮): 조선 순조의 생모인 수빈(綏嬪) 박씨(朴氏). 경우궁은 갑신정변 때 김옥균, 박영효, 홍영식 등이 청나라 군이 반란을 일으켰다고 속여, 왕과 왕비를 이곳으로 오게 하고, 수구파 대신들을 제거하여 혁신 내각을 구성했던 곳이기도 하다.

55) 난야(蘭若): 한적한 수행처(조용한)라는 뜻으로 절을 이르는 말.

어갔다.【40리를 갔다.】

　　절은 신라 진표 율사(眞表律師)가 창건하고 회정(懷正) 선사가 중창하였다. 원나라 황제 때 기씨(奇氏) 황후가 하루는 빗질하고 세수하려 대야[大阿]의 물을 대했는데, 물 속에서 이층 법당이 나타나 비치니 편액에 '사성지전(四聖之殿)'이라는 네 글자가 분명하였다. 이에 천하 사찰에 모습을 그려 올리라 하였다. 그것을 보니, 이 절이 곧 대야 속에 비쳐 나타난 것이었다. 그래서 황후의 원당으로 삼았다.

　　이에 따라 이름을 '장안사'라 이른다. 우리 조선에 들어와서 거의 폐찰이 되었다가 윤사국(尹師國)[56] 공과 조풍은(趙豊恩)[57] 공과 김사영(金思潁)[58] 공이 함께 가련히 여겨 관역(官役)[59]을 혁파하고 전당을 중수하여 절이 보전되도록 하였다고 한다. 지금에 또 퇴락하였는데 심공(心空) 화상이 힘을 다해 보수하고 바야흐로 큰 역사를 일으켜 대웅전을 중수하고 있다.

---

56) 윤사국(尹師國): 1728년(영조 4) ~ 1809년(순조 9). 본관은 칠원(漆原). 자는 빈경(賓卿), 호는 직암(直庵). 1783년(정조 7) 사은부사(謝恩副使)로 청나라에 다녀왔다. 그 뒤 대사헌·대사성을 거쳐 강원도 관찰사가 되었다가 다시 내직으로 들어와서 공조·형조의 판서와 강화유수·한성판윤을 역임하고 기로소(耆老所)에 들어갔다.

57) 조풍은(趙豊恩): 풍은부원군(豊恩府院君) 조만영(趙萬永). 1776년(영조 52)~1846년(헌종 12). 본관은 풍양(豊壤). 자는 윤경(胤卿), 호는 석애(石厓). 그의 딸이 효명세자(孝明世子, 순조의 아들로 후일 익종으로 추존)의 빈(후일의 趙大妃)으로 책봉되었다. 1839년(헌종 5) 천주교도에 대한 일대 탄압을 전개하며(己亥邪獄) 인영으로 하여금 척사윤음(斥邪綸音)을 올려 그 명분을 세우게 했다. 이로써 풍양 조씨의 세도를 확립, 이 후 5~6년 간 정권을 쥐고 그 일족이 현달(顯達)했다.

58) 김사영(金思潁): 김병기(金炳冀). 1818(순조 18)~1875(고종 12). 본관은 안동(安東). 자는 성존(聖存), 호는 사영(思潁). 안동김씨 세도가 한창일 때 초야에 있던 흥선대원군과 교유하여, 뒷날 안동김씨 일파가 대부분 제거되었을 때에도 관직에 계속 머무를 수 있었다.

59) 관역(官役): 관청에서 시키는 부역.

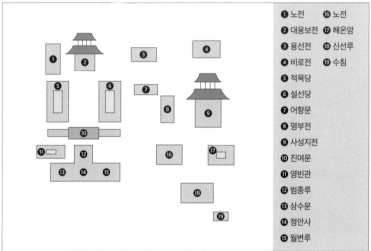

① 노전	⑯ 노전
② 대웅보전	⑰ 해온암
③ 용선전	⑱ 신선루
④ 비로전	⑲ 수침
⑤ 적묵당	
⑥ 설선당	
⑦ 어향문	
⑧ 명부전	
⑨ 사성지전	
⑩ 진여문	
⑪ 영빈관	
⑫ 범종루	
⑬ 상수문	
⑭ 정안사	
⑮ 월변루	

《조선고적도보》에 게재된 장안사 전경(사진 위)과 《봉래일기》의 장안사 사찰 배치도.

동쪽에 다음과 같은 건물이 있다. 석가봉, 지장봉【아래에 지장암이 있다.】, 관음봉【아래에 관음암과 보문암이 있다.】, 장경봉(長慶峰)【아래 장경암(長慶菴)이 있다.】, 영원동(靈源洞)【안에 영원암(靈源菴)이 있다.】, 망군대(望軍臺)【아래 도솔암이 있다.】

백탑동(百塔洞)

배령(拜嶺)【왕 장군이 여기서부터 한 걸음마다 절을 한 번 씩 하며 이 산에 들어왔다고 한다.】에는 안양암(安養菴)과 반야각(般若閣)이 있다. 모두 비구니 방이다. 위의 관음암과 보문암 모두 또한 비구니가 산다.

❶ 장안사 전경.《조선고적도보》.
❷ 장안사 대웅보전.
❸ 장안사 사성지전.

25일

영원암에 들어갔다가 망군대에 올라 둘러본 뒤에 지장암(地藏菴)에서 묵었다.【총 80리를 왕래했다.】

영원동(靈源洞)에 있는 봉우리들은 다음과 같다:

지장봉(地藏峰), 시왕봉(十王峰), 판관봉(判官峰), 녹사봉(錄事峰), 사자봉(使者峰), 죄인봉(罪人峰), 우두봉(牛頭峰), 마면봉(馬面峰), 옥초대(沃焦臺), 배석대(拜席臺)

그리고 업경대(業鏡臺), 황사굴(黃蛇窟), 흑사굴(黑蛇窟), 황류담(黃流潭)【즉 황천강(黃泉江)】

망군대 가는 길에 수렴동(水簾洞)이 있다. 망군대 서쪽 벼랑을 따라 내려오면 송라암(松蘿菴)이 있다. 암자 옆에 또 청계수(淸溪水)와 옥계수(玉溪水)가 있다고 하는데 보지 못하였다. 초행이고 길잡이가 없는 까닭이다. 매우 아쉬웠다.

망군대에 올라 동쪽에 비로봉 이하 수많은 봉우리를 바라보니 모두 뼈를 묶어서 세운 듯하고 이빨들처럼 하얗다. 시원하고 청정한 마음이 자연히 흘러나왔다. 서쪽으로 회양과 금성(金城) 등지를 바라보니 광활한 정경이 드러나고, 아득해서 끝을 볼 수 없었다. 쇠밧줄을 붙잡고 어렵게 올라왔는데 과연 헛수고가 아니었다.

26일

표훈사 전경(사진 왼쪽)과 표훈사 반야보전.《조선고적도보》.

　명소(鳴沼)를 지나 백화암(白花菴)[60]에 이르니 정오가 되어 발우를 씻었다. 암자는 표훈사의 암자이다. 암자 안에 수충영각(酬忠影閣)이 있다.【즉 세 화상과 서산(西山)과 사명(四溟)[61]의 영정을 모신 누각이다.】 암자 오른쪽에 서산(西山)과 편양(鞭羊), 풍담(楓潭), 허백(虛白)[62] 4선사의 비와 부도가 있다. 암자 아래 동구에 나옹(懶翁)[63]이 새긴 세 개의 큰

---

60) 백화암(白花菴): 백화암(白華庵). 강원도 회양군 내금강면 장연리 금강산 표훈사(表訓寺)에 있었던 암자. 일제강점기에는 유점사(楡岾寺)의 말사였다. 처음 암자가 세워진 연대 및 창건자는 알 수 없으나, 1366년(공민왕 15)에 나옹 조사(懶翁祖師)가 남쪽 바위에 매우 웅장한 불상 3구를 새긴 것으로 보아 창건을 고려 말 이전으로 추정할 수 있다. 1845년에는 원섬(圓暹)이 시주하여 암자를 중건하였으며, 1869년(고종 6)에 완성(玩星)과 월하(月河) 두 승려가 고승의 초상을 모시는 영각(影閣)을 건립하였다. 그리고 1914년 3월 8일에 소실되어 다시 중건하였다.

61) 서산(西山)과 사명(四溟): 서산(西山) 휴정(休靜)과 그의 제자 사명(四溟) 유정(惟政).

62) 편양(鞭羊), 풍담(楓潭), 허백(虛白): 편양 언기(鞭羊彦機, 1581~1644)는 묘향산에서 휴정에게 수학한 제자, 풍담 의심(楓潭義諶, 1592~1665)은 편양의 제자. 허백 명조(虛白明照, 1593~1661)는)의 법손인 송월 응상(松月應祥)의 법을 이었다. 정묘호란 등에서 의병장으로 활동하였다. 묘향산 보현사(普賢寺)에서 문집이 발간되었다.

63) 나옹(懶翁): 법명은 혜근(惠勤). 1320~1376년. 20세에 문경 사불산(공덕산) 묘적암(妙寂庵)의 요연(了然)에게 출가하고, 여러 산을 편력하다가 양주 회암사(檜巖寺)에서 수행하여 4년째 되던 해 깨달음. 1347년에 원(元)에 가서 연경(燕京) 법원사(法源寺)에서 지공(指空)을 만나고, 절강성(浙江省) 항

석면불(石面佛)이 있다. 오후에 표훈사와 정양사(正陽寺)를 다 둘러보고, 표훈사(表訓寺)로 돌아와 묵었다. 표훈사와 장안사는 깊고 얕음이 비록 다르지만 곧 같은 골짜기로 거리가 십 리이다.【10리를 갔다.】

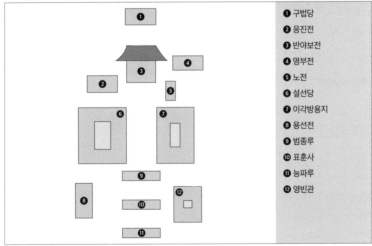

❶ 구법당
❷ 응진전
❸ 반야보전
❹ 명부전
❺ 노전
❻ 설선당
❼ 이각방용지
❽ 용선전
❾ 범종루
❿ 표훈사
⓫ 능파루
⓬ 영빈관

《조선고적도보》에 게재된 표훈사 전경(사진 위)과 《봉래일기》의 표훈사 사찰 배치도.

주(杭州) 정자사(淨慈寺)에 가서 평산 처림(平山處林, 1279-1361)의 법을 이어받음.

절은 의상(義湘)의 문인 표훈(表訓) 조사가 창건하였다. 고로 '표훈사'라 이른다.

정양사(正陽寺)【표훈사 주봉 위 왼쪽에 있고, 거리는 표훈사에서 겨우 3리이다. 어느 조사가 창건하였는지 알지 못하나 표훈사보다 먼저 창건되었다고 한다.】

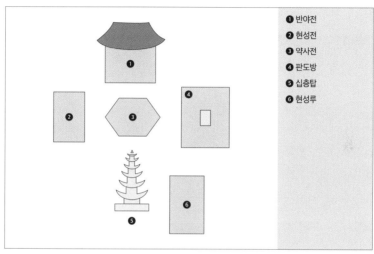

● 반야전
● 현성전
● 약사전
● 판도방
● 십층탑
● 현성루

《봉래일기》에 게재된 표훈사 사찰 배치도.

헐성루(歇惺樓) 위에 명사의 아름다운 시구가 많다. 차운하여 한 수 지었다.

噫此一樓價萬千	아, 이 누각의 가격은 만천 금이니
衆香全局捻來前	중향성의 전체 면모가 모두 앞에 펼쳐지네.
夕陽疑謂重重雪	석양에는 눈이 첩첩이 내렸나 하였더니
朝靄忽放朶朶蓮	아침 안개에 홀연 연꽃들이 활짝 핀 듯하네.
九龍自是隱深僻	구룡연은 절로 깊고 궁벽진 곳에 숨었구나.
萬瀑恨非在上懸	만폭동은 위에 매달려 있지 않은 것이 한스럽구나.
塵人莫道金剛好	속세 사람은 금강산이 좋다고 말하지 말라.

若好金剛必也仙　금강산이 좋다고 한다면 필시 신선이리니.

표훈사 앞에 있는 봉우리들은 다음과 같다:

돈도봉(頓道峰), 인봉(印峰)【이 봉우리가 있어서 세조 대왕이 원통암(圓通菴)에 행차하였다고 한다.】, 칠성대(七星臺), 향로봉(香爐峯)【즉 법기봉(法起峰)의 안산(案山)[64]】, 오선봉(五仙峰), 청학대(靑鶴臺), 학소대(鶴巢臺).

정양사 뒤에 방광대(放光臺)가 있다.【곧 선암(船菴)의 안산이다. 박빈(朴彬)거사가 도를 이룬 후에 육신이 하늘로 올라갔는데, 그때 빛이 이 봉우리에 빛을 비추고 까닭으로 '방광대'라 한다.】

또한 천일대(千一臺)【이 정양사는 옛날에 천 명의 대중이 있었는데 절 뒷산이 무너져 천 명이 죽을 때 이 봉우리 위에서 밤에 소리내어 염불만 하는 수좌(首座)[65] 한 명만 살았다. 그 까닭에 '천일대'라 한다.】가 있다.

표훈사 산 안에 백화암(白花菴)【절 아래의 평지에 있다.】과 돈도암(頓道菴)【절 동남쪽의 돈도봉(頓道峰) 아래에 있다. 신라 시대 여기에서 돈도부인(頓道夫人)이 성도했기 때문에 그렇게 불린다고 한다.】이 있다.

보덕굴(普德窟)【만폭동(萬瀑洞)과 분설담(噴雪潭) 위 동쪽 벼랑에 있다. 회정(懷正) 선사가 관음보살을 친견하고 싶어서 송라암(松蘿菴)에서 기도를 드렸다. 하루는 꿈속에서 이르기를, 관음을 친견하고자 하면 몰골옹(沒骨翁)과 해명방(解明方)을 찾으라고 했다. 몰골옹은 보현(普賢)이고 해명방은 문수(文殊)이다. 해명방의 딸이 관음이다. 함께 찾아가 보고 해명방 딸과 같은 곳에서 놀았는데 관음임을 알지 못했다. 후에 몰골옹에게 듣고는 그가 관음임을 알고 다시 찾아 갔으나 그곳을 찾을 수 없었다. 깊이 한탄하며 송라암으

---

64) 안산(案山): 집터나 묏자리의 맞은편에 있는 작은 산.

65) 수좌(首座): 대중 가운데 우두머리. 우리나라에서는 선방에서 참선하는 승려를 뜻한다.

로 돌아와 기도하니, 또 꿈에 만폭동으로 가라고 하여 그 꿈속 지시대로 했다. 그 결과 만폭동 세두분(洗頭盆) 가장자리에서 해명방의 딸을 보았다. 기뻐하며 그 여인에게 예배 하니, 여인은 옷을 떨치며 날아올라 그 위 석굴로 들어갔다. 따라 들어가서 보니, 다만 빈 굴 안에 관음상 하나가 있었다. 그래서 기뻐하며 우러러 예배하고서, 굴 입구에 구리 기둥으로 법당을 세웠다. 그 후에 여러 번에 걸쳐 중건했다.

마하연(摩訶衍)【절에서 10리 거리. 의상(義湘) 조사가 창건했다. 세조대왕이 원통암 (圓通菴)에서 떠나 이 암자에 머물고자 행차하시는 중에 암자 아래 이르자 공중에서 "들 어가지 말라"는 소리가 나서, 들어가지 못하고 지나쳐 불지암(佛地菴)에 이르러 기도를 하셨다고 한다.】

불지암(佛地菴)【마하연을 넘어 한 산기슭에 있다. 암자 아래에서 감로수가 나온다.】

묘길상(妙吉祥)【불지암의 청룡 두암(頭巖)이다. 나옹(懶翁) 화상이 깎아 조성한 석면불 로서 높이는 78장丈이다.】

원통암(圓通菴)【만폭동 북쪽으로 계곡이 나뉘는 곳에 있다. 세조대왕이 예전에 이 암자에 왔다고 한다.】

선암(船菴)【박빈(朴彬) 거사가 이곳에서 도를 이루고는 돌을 붙잡고 하늘에 올라갔다 고 한다.】

수미암(須彌菴)【수미탑(須彌塔)과 수미대(須彌臺)가 있어서 '수미암'이라 부른다고 한 다. 수미암 암자 전후의 암석의 모양은 솜씨 좋은 사람의 손으로 깎아 만들어도 그 기묘 함을 더할 수 없을 정도다. 원효 조사가 이 암자에 머물 때 영랑(須郎) 신선을 제도하여 야운(野雲) 조사가 되게 하였다고 한다.】

만회암(萬灰菴)【만 가지 근심이 모두 재가 된다는 뜻이다.】

헐성루(歇星樓)에서 동쪽으로 바라본 산과 물은 다음과 같다:

비로봉(毘盧峰), 중향성(衆香城), 석가봉(釋伽峰), 미타봉(彌陀峰), 원만봉(圓滿峰), 가섭봉 (迦葉峰)【그 아래에 또 굴이 있다.】, 수미대(須彌臺), 영랑대(須郎臺), 백운대(白雲臺)【아래에 금강수(金剛水)가 있다.), 용각봉(龍角峰), 미륵봉(彌勒峰), 일출봉(日出峰), 월출봉(月出峰), 차

일봉(遮日峰), 삼인봉(三人峰), 백마봉(白馬峰), 시왕봉(十王峰), 혈망봉(穴望峰)【천지가 개벽할 때 끈으로 이 봉우리의 굴을 꿰어서 들어 올리니 금강산 전체가 들려서 공중에 매달렸다. 그래서 삼재가 금강에 들어오지 못했다고 하는데 황당하기 그지없다.】, 은적봉(隱寂峰), 팔인봉(八人峰), 승상봉(丞相峰), 망군대(望軍臺), 만폭동(萬瀑洞)【표훈사에서 마하연 가는 중간의 물과 바위.】

일

돈도봉(頓道峰) 위의 돈도암(頓道菴)에 올라 풍암(風巖) 장로와 상봉하여 이야기를 나누고 오후에 마하연에 이르렀다.【10리.】

표훈사에서 출발하여 마하연에 이르는 도중과 만폭동 속의 못 이름과 대(臺) 이름.

금강문(金剛門), 금강(金剛)【군성(軍城)에 살던 9세 아이가 '산(山)'자를 미처 쓰지 못하고 죽었다고 한다.】봉래풍악원화동천(蓬萊楓嶽元化洞天), 만폭동(萬瀑洞), 천하제일명산, 삼선국(三仙局), 신선대(神仙臺), 사선대(四仙臺), 백룡담(白龍潭), 고청룡담(古靑龍潭), 세두분(洗頭盆), 방선교(訪仙橋), 영아지(影娥池), 흑룡담(黑龍潭), 벽파담(碧波潭), 비파담(琵琶潭), 분설담(噴雪潭), 만성암(萬聲巖), 진주담(眞珠潭), 수렴(水簾), 구담(龜潭), 선담(船潭), 대룡담(大龍潭), 사자암(獅子岩), 사적봉(事蹟峰), 보덕굴(普德窟)【만성암(萬聲岩) 위】, 또한 우암(尤菴)[66] 선생의 '제월광풍(霽月光風)'[67] 등 바위에 새겨진 글자들이 있었는데 잊어버려서 기록하지 못한다.

분설담 아래의 반석 위에 바위에 새긴 시 한 수【이병정(李秉鼎)[68] 호는 이암(異菴)】

---

66) 우암(尤菴): 송시열(宋時烈)의 호. 1607년(선조 40)~1689년(숙종 15). 조선 후기 문신 겸 학자, 노론의 영수. 주자학의 대가로서 이이의 학통을 계승하여 기호학파의 주류를 이루었으며 예론에도 밝았다.

67) 제월광풍(霽月光風): 맑고 푸른 하늘에 떠있는 둥그런 달에서 솟아나는 밝은 광명. 사람의 도량이 넓고 활달하여 그 기풍이 밖으로 풍겨 나오는 모습을 비유하는 말이다. 송(宋) 나라 황정견(黃庭堅)이 주돈이(周敦頤)를 비유한 말이다. 《송사(宋史)》〈주돈이전(周敦頤傳)〉.

68) 이병정(李秉鼎): 1742(영조 18)~1804(순조 4). 1766년(영조 42) 정시문과에 병과로 급제하여 여러 벼

曲曲奇奇孰錫名	굽이굽이 기이한 것들 누가 이름 붙여나
洞天氣勢自然成	골짜기의 기세는 자연적으로 이루어졌네
低爲萬瀑源流遠	낮게는 만폭동이 되니 원류가 아득하고
高敵九龍造化平	높게는 구룡과 상대하여 조화가 평화롭네
巧鑿船龜渾底狀	정교하게 파서 새긴 배와 거북 등의 모습
散噴珠雪摠迷情	흰 구슬을 흩어 뿜어내어 온통 미혹시키며
飛騰翠壁光風字	푸른 절벽의 '광풍제월'글자로 날아오르고
淸入琵琶不盡聲	맑게 들리는 비파소리가 끊이지 않도다

이날 석양 무렵에 백운대(白雲臺)에 올라 절벽에 매달린 쇠줄을 잡고 어렵게 올라가 꼭대기에 이르러 중향봉(衆香峰) 등을 바라보니 또한 하나의 쾌활한 소식이로다. 그 이후에 백운대의 동쪽 아래를 따라 백운대의 근저에 이르러 금강수를 마시고 다시 백운대에 올랐다 내려왔다.

마하연(摩訶衍) 전후의 봉우리들은 다음과 같다:

관음봉(觀音峰), 용왕봉(龍王峰), 남순봉(南巡峰), 수보리봉(須菩提峰), 법기봉(法起峰), 파륜봉(波崙峰), 유마봉(維摩峰), 관음봉(觀音峰), 경함봉(經函峰), 향로봉(香爐峰), 다기봉(茶器峰), 촉대봉(燭臺峰).

칠보대(七寶臺)【마하연 뒤쪽의 용(龍)이다.】

28일

수미암과 선암·원통암을 올라가 둘러보고 돌아와 마하연에서 잤다.【50리를 갔다.】

슬을 역임하고 상호군(上護軍)으로 졸하였다. 《순조실록(純組實錄)》에는 빼어난 재주가 있고 문사가 넉넉하며 민첩하나, 세력과 이(利)를 좋아했다고 기록하고 있다.

수미암(須彌菴)에 있는 봉우리.

수미대(須彌臺)【이 암자는 사찰에서 30리 거리에 있는데, 경치가 산내에서 제일이다. 좌우의 봉우리들은 사람으로 하여금 아름답게 만들게 하여도 이 기묘함을 뛰어넘을 수 없을 정도다.】, 수미탑(須彌塔), 구고대(九皐臺), 강선대(降仙臺), 능파대(凌波臺), 구암(龜巖), 별암(鼈巖).

선암(船菴)에는 삼불봉(三佛峰)과 지장봉(地藏峰), 천왕봉(天王峰)이 있다.

원통암(圓通菴)에는 연화봉(蓮花峯)이 있다.

29일

탁명(卓明) 대사와 동행하여 비로봉에 올라 바라보니 사방이 모두 내려 보이고 하나도 가리는 게 없었다. 진정 비로봉 위에 다시 산이 없고, 동해의 동쪽에 다시 동쪽이 없다고 할 만하다. 또 마하연으로 돌아와 잤다.【80리를 왕래했다.】

30일

유점사 전경(사진 왼쪽)과 유점사 능인보전. 《조선고적도보》.

안문(雁門) 고개를 넘어 은선대(隱仙臺)에 올라 성문동(聲聞洞) 십이층 폭포를 바라보

고 그 아래 유점사(楡岾寺)에 이르렀다.【30리를 갔다.】

유점사 9층석탑.《조선고적도보》.

　　오직 이 곳만 암석이 하나도 없다. 산 모양은 대나무 그릇을 엎은 것과 같다. 사면
이 악석(惡石)인 그 가운데 이곳만 토지이다. 한나라 평제(平帝) 갑자년(A.D. 4)에 문수보살
이 조성한 금불 53존(尊)을 실은 쇠북이 고성(高城) 지역으로 떠서 왔다. 사람들이 보고
기이하게 여겨 고성 태수 노춘(盧偆)에게 달려가 고하였는데, 다음날 가보니 쇠북은 사
라져 없고 단지 크고 작은 발자국만이 금강산을 향해 가고 있었다. 모래 위에 흔적이 분
명히 있어 따라가다, 자취를 잃고 방황했다. 그러던 차에 홀연히 문수의 화신이 나타나
그 갈 길을 알려주어, 그에 따라 한 봉우리의 중간으로 갔다. 그러자 어떤 비구니가 봉우
리 위를 가리키고, 또 한 마리의 개가 앞에서 인도하기에 따라가자 한 봉우리에 도착했
다. 산 속에서 쇠북 소리가 들리기에 환희하여 찾아가니, 쇠북이 연못 가장자리의 느릅
나무 위에 매달려 있고 53존이 그 연못의 가장자리에 줄지어 앉아있었다. 노춘이 무수
히 공경하여 예배한 후 산을 나왔다. 이러한 연유로 신라의 두 번째 임금인 남해왕(南解
王)에게 고하였다. 왕 또한 금강산에 들어가 존상을 뵙고는 환희심을 이기지 못해 연못
을 메워 절을 지었다. 연못 안에 아홉 마리의 용이 처음에는 완강히 거부하여 물살을 흉

측하게 솟구치게 하고 나무를 뽑아 넘어뜨렸으나, 53존이 또한 느릅나무의 뿌리와 가지에 앉아 있었다. 이윽고 물이 끓어오르게 되니 아홉 마리 용이 그 뜨거움을 이기지 못해 신계사(神溪寺) 구연(九淵)으로 피신해 갔다. 이에 절을 세우고 53불을 봉안하였고 그래서 '유점사'라고 한다. 산 아래에 환희령(歡喜嶺)과 노춘정(盧偆井), 구령(狗嶺), 니암(尼岩), 문수촌(文殊村) 등의 이름이 있다.

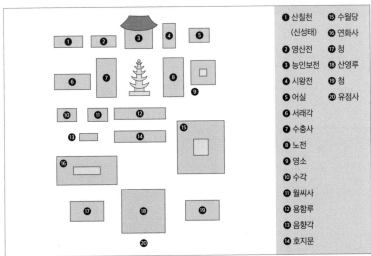

① 산칠천 (신성태)　⑮ 수월당
② 영산전　⑯ 연화사
③ 능인보전　⑰ 청
④ 시왕전　⑱ 산영루
⑤ 어실　⑲ 청
⑥ 서래각　⑳ 유점사
⑦ 수충사
⑧ 노전
⑨ 영소
⑩ 수각
⑪ 월씨사
⑫ 용함루
⑬ 음향각
⑭ 호지문

《조선고적도보》에 게재된 유점사 전경(사진 위)과 《봉래일기》의 유점사 사찰 배치도.

시 1수를 지었다.

佛號先到已多秋	부처의 명호가 도달한 지 이미 여러 해
漢帝空懷萬里愁	한나라 황제는 공연히 만리의 시름 품었네
鐘響落時塵夢歇	종소리가 떨어질 때 풍진의 꿈도 사라지고
楡根倒處福光流	느릅나무 뿌리 엎어진 곳에 복의 빛이 흐르네.
入看雖是平底裏	들어가 보면 비록 평평한 내부이지만
外到是眞最上頭	밖으로 나오니 진정 가장 높은 꼭대기라
爲語人間若惱客	인간세상에 말하라, 괴로운 이들이여
世情欲斷陟斯樓	세상의 정을 끊고자 한다면 이 누각에 오르라고.

중내원(中內院)【즉 천구도량(千龜道場)이다. 그래서 앞뒤로 바위가 많은데 모두 거북이의 모양이다. 위에는 미륵봉, 앞에는 만경대 그리고 흔들바위가 있다.】명적암(明寂菴), 반야암(般若菴), 백련암(白蓮菴), 적멸암(寂滅菴), 학소대(鶴巢臺)【진짜 청학(靑鶴) 둥지가 그 위에 있다고 한다.】가 있고, 노전(爐殿) 뒤에는 오탁수(烏啄水)가 있다.

서울[京山]에서 시작하여 금강산에 이르는 일기 ————

5월

1일

중내원(中內院)에 올라 미륵봉에 올라 사방을 바라보니 세 방향이 모두 훤히 트여 매우 넓어 시원하게 보이고, 북쪽은 비로봉이 막고 있어 멀리 볼 수 없으니, 가히 비로봉이 금강의 최고봉임을 알 수 있다. 돌아와 서래각(西來閣)에서 잤다.【80리를 왕래했다.】

중내원 가장 아래의 계곡 입구에 선담(船潭)이 있다. 유점사 앞에 한 나무가 있는데 소나무 같으나 소나무가 아니고, 잣나무 같으나 잣나무가 아니다.

그 잎이 봄에 피고 가을에 떨어지니, 전하기를 계수나무라고 하는데, 향이 없어서 의아하다.

2일

혜운(慧雲)과 금담(錦潭), 동선(東船) 등 스님들이 강하게 만류하여 이틀을 머물렀다.

3일

환희령(歡喜嶺)과 장항(獐項, 노루목), 노춘정(盧椿井), 구령(狗嶺), 니암(尼岩), 백천교(百川

橋) 등을 지나 신계사(神溪寺)에 이르렀다.【80리를 갔다.】

　절은 진표 율사(眞表律師)가 창건하였고, 절 앞의 시냇가는 평평하게 바다에까지 이른다. 물고기가 응당 많이 올 것인데 들어오지 못하기 때문에 '신계사'라고 한다. 옛날에 연어가 많이 왔는데 사찰에 큰 폐해가 되므로 보운(普雲) 조사가 신통력으로 막아서 들어오지 못하게 했다고 한다.

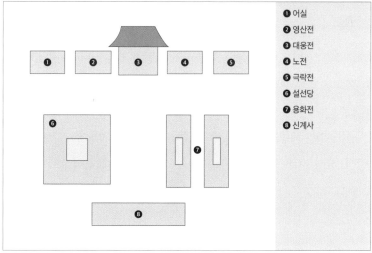

❶ 어실
❷ 영산전
❸ 대웅전
❹ 노전
❺ 극락전
❻ 설선당
❼ 용화전
❽ 신계사

《조선고적도보》에 게재된 신계사 전경(사진 위)과 《봉래일기》의 신계사 사찰 배치도.

신계사 대웅보전. 《조선고적도보》.

세존봉(世尊峰) 보광암(普光菴)【만일회(萬日會). 대응(大應) 화상이 있음.】, 관음봉(觀音
峰) 보운암(普雲菴)【강당. 경암당(景菴堂)이 있음.】이 있다.

옥류동(玉流洞), 비룡(飛鳳)폭포, 무봉(舞鳳)폭포【모두 구룡연으로 가는 길에 있다.】

구룡연【우암(尤菴, 송시열)선생이 바위에 새기기를, "성난 폭포가 가운데로 쏟아지니
사람을 아찔하게 하는구나. 천길 흰비단인가. 만 곡 진주알인가(尤菴先生刻石云, 怒瀑中瀉,
使人眩轉, 千丈白練, 萬斛眞珠)."[69]라 했다.】

팔담(八潭)【올라가면 높고 멀리 볼 수 있으나, 가까이 가서 볼 길이 없다.】

또한 한 봉우리를 넘어 온정(溫井)과 발우봉(鉢盂峰)이 있다. 온정 봉우리를 향해 30
리 들어간 곳에 옛 만물초(萬物草)가 있다. 또 10리를 들어가서 금강문을 통과하니, 뒤로
새 만물초(新萬物草)가 있다.【금강산에서 제일의 대단한 광경이다. 마지막에 관람하여 마
땅히 웃을 만하다. 만약 이 봉을 먼저 보고 뒤에 다른 봉우리들을 보았으면 (볼)맛이 없
었을 것이다.】

옥녀가 머리감은 곳【또한 '금강제일관(金剛第一關, 금강 제일의 관문)'이라는 글자가 새
겨져 있다.】 또 온정령(溫井嶺)을 넘어 서쪽으로 들어가면 천불동(千佛洞)이 있다.【비록 '제
일승처(第一勝處, 가장 멋진 곳)'라고는 하지만, 가장 들어가기 어렵다. 세상사람 중에 들어가

---

69) 성난 ~ 진주알인가: 앞의 두 구절은 우암 송시열의 시구이고, 뒤 두 구절은 고운 최치원의 시이다.

본 사람이 없어서 아직 둘러보지 못했다.】

절에서 10리 남쪽으로 가면 동석동(動石洞, 흔들바위골)이 있다.【안에 바위가 하나 있는데 크기가 집채만 하다. 한 손가락으로도 조금 움직일 수 있고, 또한 비록 억만 장부라고 하여도 역시 조금 흔들리는 데 그치기 때문이라고 한다.】

발연사(鉢淵寺)【진표(眞表) 율사가 창건하였는데, 골짜기 안에 발우 같은 연못이 많이 있어서 그렇게 부른다고 한다.】【위의 두 곳 모두 아직 올라보지 못했다.】

4일

길잡이 한 명을 얻어 동행하여 구룡연에 들어가 둘러보았다.【만약 실족하면 목숨을 잃을 수 있는 곳이다. 가는 길이 모두 그러하다.】 또한 구연폭포 왼쪽 봉우리에 올라 팔담을 둘러보고 내려와 보광암(普光菴)에서 잤다.【80리를 갔다.】

5일

보운암(普雲菴)으로 옮겨 경암당(景菴堂)과 몇 명의 학인 합쳐서 5인과 함께 동행하여 새 만물초(新萬物草)에 올라 그 상하좌우의 암석과 봉우리들을 보니 괴이한 형상이 형언하기 어려웠다. 이로부터 금강산이 천하의 명산임을 비로소 알게 되었다. 온정(溫井)으로 돌아와 목욕을 3번하고 잤다.【80리를 갔다.】

영동사람들은 천기를 보고 판단하기를 단오[70]에 수리새(水裏塞)가 불면 45일 동안 비가 내리고서야 그친다고 한다. 오늘 수리새가 분다고 한다. 과연 다음날부터 비가 내렸다.

---

70) 단오: 수릿날[戌衣日·水瀨日]이라고도 한다. 단오는 초닷새의 의미로서, 일년 중 양기가 가장 왕성한 날이라고 한다. 수리란 신(神)이라는 뜻과 높다는 뜻으로서 이를 합하면 '높은 신이 오시는 날'이란 의미가 된다.

금강산에는 네 사찰이 있는데 장안사와 표훈사는 회양에 있고, 유점사와 신계사는 영동 고성에 있다.

영동팔경의 차례는 다음과 같다. 평해(平海) 월송정(月松亭), 울진 망향정(望鄕亭), 삼척 죽서루(竹西樓), 강릉 경포대(鏡浦臺), 양양 낙산대(洛山臺), 간성 청간정(淸澗亭), 고성 삼일포 (三日浦), 통천 총석정(叢石亭). 흡곡(歙谷).[71]

6일

해금강을 보고 싶어 오후에 길을 나섰다. 고성읍을 지나 입석포(立石浦)에 도달했을 때 비가 와서 묵었다.【40리를 갔다.】

7일

날이 지나 2~3시 정도에 비가 겨우 멎었다. 뱃삯을 2냥으로 정하고 배를 타고 갔다. 얼마 못가 배 멀미를 이기지 못해 도로 내려, 입석포에서 이틀 묵었다.

8일

날씨가 매우 흐렸는데 비가 오지 않아서 나서지 않을 수 없었다. 이에 길을 나서 남 강을 건너 현종암(懸鐘岩) 아래를 지났다.【또한 바닷물에 엎어진 돌배가 놓여 있었다. 또 한 밧줄이 있는데 53불의 영험한 자취라고 하지만, 그러한지는 알 수 없다.】거의 저물 녘에 이르러 비를 맞으며 건봉사(乾鳳寺)에 들어가, 극락전에서 잤다.【90리를 갔다.】

---

71) 흡곡(歙谷): 강원도 통천 지역의 옛 지명. 영동팔경에 평해 월송정 대신에 흡곡의 시중대(侍中臺)를 넣는 경우도 있다.

건봉사 전경(사진 왼쪽)과 건봉사 대웅전. 《조선고적도보》.

❶ 현재의 건봉사 전경.
❷ 금강산 건봉사(金剛山 乾鳳寺) 현판.
❸ 보물 제1336호로 지정된 건봉사 홍교(능파교).

건방(乾方, 북서쪽)에 봉암(鳳巖, 봉황바위)이 있기 때문에 '건봉사'라고 한다. 창건주【아
도 화상(阿道和尙)이 고구려 안장왕(安臧王) 3년(521)에 창건했다.】에 관한 기록을 얻지 못
했는데, 신라의 고찰일 것이다. 발징 화상(發徵和尙)이 처음으로 만일회를 베풀어 정토업

(淨土業)[72]을 함께 닦아서 육신으로 공중에 오른 자가 모임에서 31인이었고, 지금의 만일 회는 4번째 마련한 것이라고 한다.

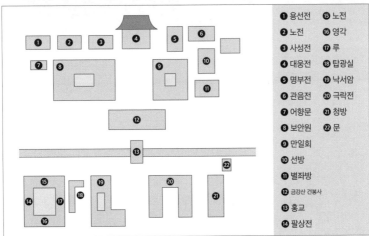

❶ 용선전 ❶❺ 노전
❷ 노전 ❶❻ 영각
❸ 사성전 ❶❼ 루
❹ 대웅전 ❶❽ 탑광실
❺ 명부전 ❶❾ 낙서암
❻ 관음전 ❷⓿ 극락전
❼ 어향문 ❷❶ 청방
❽ 보안원 ❷❷ 문
❾ 만일회
❶⓿ 선방
❶❶ 별좌방
❶❷ 금강산 건봉사
❶❸ 홍교
❶❹ 팔상전

《조선고적도보》에 게재된 건봉사 전경(사진 위)과 《봉래일기》의 건봉사 사찰 배치도.

---

72) 극락정토에 왕생할 수 있는 청정한 행업(行業, 행위).

9일

피곤할 뿐만 아니라 계명상인(桂明上人)이 만류했기 때문에 낙서암(樂西菴)에서 이틀 묵었다.

10일

현재의 화암사 경내 모습(사진 왼쪽)과 화암사에서 바라본 수암 전경.

비록 날씨가 흐렸지만 비는 내리지 않아서 출발하여 바닷가 길을 따라 간성읍을 지났다. 해질 무렵에 이르러 비를 만나 간성 화엄사[73]에 이르렀다.【80리를 갔다.】

역시 진표 율사(眞表律師)가 창건하였고, 옛날에는 '팔방사(八房寺)'라 했다고 한다. 지금은 여러 차례 화재를 겪어 겨우 하나의 방만 남아 있다. 절에서 20리쯤 가면 해

---

73) 화엄사: 신라 혜공왕 5년(769)에 진표 율사에 의해 창건되었다. 진표 율사가《화엄경》을 강설하여 31명이 승천하고, 69명이 무상대도(無上大道)를 얻어 '화엄사'라 명명했다고 한다. 현재는 '화암사(禾巖寺)'로 불리고 있다.

변에 자마석(自磨石)이 있다고 하는데 가보지는 못하였고, 또한 청간정(淸肝亭)[74]의 빈 섬 돌만 있다고 한다.

절에 대웅전과 설선당(說禪堂), 노전(爐殿), 영각(影閣), 정문루(正門樓), 미타암(彌陁菴), 화응전(華膺殿), 안양암(安養菴)이 있고, 절 앞에는 수암(穗岩)[75]이 있다.【이 바위가 있어서 사찰에 재물이 끊이지 않았다고 한다.】

수암.

---

74) 청간정(淸肝亭): 갑신정변(1884)에 불타 없어진 것을 1930년경에 재건했으므로, 이 당시에는 주춧돌만 있었을 것이다.

75) 수암(穗岩): 수암과 관련한 전설이 전한다. 화엄사는 민가와 멀리 있어 스님들이 항상 시주를 구하기에 어려움이 많았다. 어느 날 수도를 하던 두 스님의 꿈에 백발노인이 나타나 수암에 조그만 구멍이 있으니 끼니때마다 지팡이를 구멍에 넣고 3번 흔들라고 했다. 잠에서 깨어난 스님들은 아침 일찍 이 바위로 달려가 노인이 시킨 대로 했더니 2인분의 쌀이 나왔다. 그 후 두 스님은 끼니 걱정 없이 불도에 정진할 수 있었다. 어느 날 욕심 많은 객승이 이를 보고 3번 흔들어 2인분의 쌀이 나오면 6번을 흔들면 4인분의 쌀이 나올 것이라는 생각에 지팡이를 6번 흔들었다. 그러자 구멍에서 쌀 대신 피가 나왔고, 그 이후로 쌀도 나오지 않았다. 그래서 이 바위를 쌀바위 즉 '수암(穗岩)'이라고 부르게 되었다.

11일

종일 비가 내려 이 절에서 2일 묵었다.

12일

또 비가 그치지 않아서 계속 묵었다.

13일

비가 겨우 멈췄다. 오후에 출발하여 천후산(天吼山) 계조굴(繼祖窟)에 이르렀다. 그 뒤에 천후산 여러 봉우리들이 나열하여 서있는 모습을 보니, 굴의 모양새가 지극히 기이하고 지극히 미묘하여 지금까지 관람한 이래 이 암자가 가장 기묘한 절경이라 하겠다. 굴 안에 6칸의 집이 세워져 있다. 굴 안에 보관하면, 비록 엄동설한에도 얼지 않고 오히려 훈기가 있다고 하니, 이 또한 기이하다. 굴 밖에 문으로 삼은 게 있는데 그 모양새가 또한 매우 기이하다. 문 밖에 와우암(臥牛岩)이 있는데 위가 평평하여 100여 명이 앉을 수 있을 것 같다. 와우암의 머리 부분에 또한 흔들바위가 있고, 또한 그 옆에는 용암(龍岩)이 높이 서있다. 바위 아래에는 샘이 있는데, 역시 매우 깊고 차가워 '석면반조정(石面半朝廷)'이라 할 만하다. 또한 내원암을 지나 신흥사(神興寺)에 이르렀다.【20리를 갔다. 신흥사는 설악산】

계조굴의 안산은 설악산 동쪽 산기슭이다. 석가봉, 미륵봉, 가라봉(伽羅峰), 달마봉, 함왕(含旺)폭포가 있다. 설악의 내산에는 백담사(百潭寺)와 오세암(五歲菴), 봉정암(鳳頂菴), 대승령(大乘嶺), 대승암(大乘菴), 대승폭포【이 폭포는 천하제일의 기이한 광경이라고 하는데 가서 관람하지 못했으니 안타까움이 얼마나 심하겠는가.】가 있다.

14일

 흐리고 비가 오지 않아 출발하여 낙산사(洛山寺)[76]에 이르렀다.【40리를 갔다.】

 의상(義湘) 조사가 창건했다. 의상이 당나라에서 돌아와 항상 관음보살을 친견하고자 하여 이 해변 바위 위에 이르러서 발을 돋아 삼칠일 동안 정근(精勤)한 후 과연 관음 진신을 보고서, 굴 안으로 따라 들어가 법회(法誨, 가르침)를 실컷 듣고 수정으로 된 108염주를 받아서 나와, 굴 입구에 법당을 지었다. 그래서 보덕굴(普德窟)【법당】과 홍련암(紅蓮菴)【노전(爐殿). 이는 한 잎의 홍련이 바다 가운데 있었다는 뜻이다.】 의상대(義湘臺)【해상의 암석】, 사리부도(舍利浮屠)【사리가 스스로 공중에서 탁자 위로 떨어졌다. 그래서 부도를 세웠다.】가 있다. 의상 조사는 또 하루는 꿈에 (관음)보살이 이르기를, "죽순이 나는 곳에 내 집을 지어라. 그리고 그 아래 전단토(旃檀土)가 있을 테니 나의 형상을 만들라."고 하였다. 과연 죽순이 지금의 법당 위치에 홀연 생겨서 가르침에 따라 절을 짓고 불상을 조성했다. 그래서 원통보전(圓通寶殿)【가장 높은 곳에 있다. 굴에서 1리 거리.】, 두 떨기의 오죽(烏竹)【법당 층계 아래의 양쪽 가에 있다.】, 십층석탑【전단토를 뚫은 곳】, 영산전(靈山殿)이 있다.

낙산사 보타암.

---

76) 낙산사(洛山寺): 강원도 양양군 강현면에 있는 사찰. 해변에 위치한 한국의 3대 관음기도 도량 가운데 하나이다. 671년(문무왕 11) 의상(義湘)이 창건했다.

낙산사 홍련암(사진 왼쪽)과 의상대.

또한 어실(御室)【세조대왕이 머물렀기 때문이다.】이 있다. 또한 숙종대왕이 지은 시가 빈일루(賓日樓)에 걸려있다.

현판에 있는 임금(숙종)의 시는 다음과 같다.

快登南里洛伽峰　즐거이 남쪽의 낙가봉에 오르니
風捲纖雲月色濃　바람이 잔 구름을 거두어들여 달빛이 짙네.
欲識圓通大聖理　원통대성[77]의 이치를 알고자하니
有時靑鳥含花逢　때 맞추어 파랑새가 꽃을 물고 오는구나

공경히 차운하여 절구 1편을 지었다.

---

[77] 원통대성(圓通大聖): 관세음보살을 가리킴. 관세음보살은 이근원통(耳根圓通)을 얻었으므로 세계의 음성을 다 안다고 한다.

地盡東頭最著峰　　땅이 끝나는 동쪽 끝 가장 드러나는 봉우리
洛伽宮下碧波濃　　낙가궁 아래의 푸른 파도 짙도다.
義公去後今千禩　　의상 대사가 떠난 지 이제 천 년인데
聖蹟慈容又孰逢　　성스러운 자취와 모습을 또 누가 뵐 수 있을까.

무릇 문루(門樓)는 빈일루(賓日樓)이다. 누각의 아래에는 또한 이화정(梨花亭)이 있다. 누각에 올라 앉아 동쪽으로 창해를 바라보니 아득히 끝이 없고, 돛단배가 때때로 오갈 뿐이었다. 영동팔경에서 이 동대(東臺)가 두 번째 경관이 될 것 같다.

원통암 자리에 재건된 명주사 전경(사진 왼쪽)과 명주사 옛터.

때때로 맑고 때때로 흐리고 때때로 비. 가고 가고 또 가서 명주사(明珠寺)[78]와 원통

---

78) 명주사(明珠寺): 강원도 양양군 현북면에 있는 사찰. 1009년(목종 12)에 혜명(慧明)과 대주(大珠)가 창건했다. 다수의 화마로 전각이 소실되고 중건되었으나, 1897년(고종 34)에 모두 소실되어 사무를 원통암에서 처리했다고 한다.

암(圓通菴)[79]에 이르렀다. 역시 양양 땅인데 산 이름을 잊어버려 기록하지 못한다.【60리를 갔다.】

'명주사'란 혜명(慧明)과 대주(大珠) 두 조사가 창건했기 때문에 그렇게 불린다고 한다. 지금은 암자가 사찰 역할을 하고, 사찰은 노전(爐殿) 하나뿐이다.

16일

비에 막혀 이틀을 묵었다. 용악노숙(龍嶽老宿)과 일봉 화상(一峰和尚), 부림상인(富林上人)이 함께 정성스레 접대를 해주었다.

17일

《조선고적도보》에 게재된 월정사 전경과 지금의 월정사 경내 모습.

또한 비와 맑음이 서로 반반이었다. 앞뒤의 고개를 넘었다. 장령(長嶺, 대관령)에 이르

---

79) 원통암(圓通菴): 1781년(정조 5) 연파(蓮坡)가 창건했다. 1849(헌종 15)의 화재로 소실된 것을 1853년 (철종 4)에 중건했다. 명주사가 소실된 이후로 원통암을 중심으로 사찰이 발전하게 된다.
현재 명주사는 원통사 자리에 중건한 사찰이며, 명주사 터는 사찰을 올라가는 길의 좌측에 있다.

러 생각이 사라졌다. 산이 층층이요 물이 중첩되니 험하디 험한 노정이다. 오대산 월정
사(月精寺)[80)]에 이르렀다.【강릉 땅이다. 100리를 갔다.】

월정사 칠불보전.《조선고적도보》.

자장국사(慈藏國師)가 창건했다. 산의 최고봉은 비로봉이고, 비로봉에서부터 동쪽은
만월대(滿月臺), 남쪽은 기린대(麒麟臺), 서쪽은 장령대(長嶺臺), 북쪽은 상왕대(象王臺), 가운
데는 지로봉(地爐峰)이다. 적멸궁(寂滅宮)[81)]은 지로봉 위에 있다. 신라 때 정신(淨神)과 효명
(孝明) 두 왕자가 이 산에 은거하여 결사(結社) 수도하여 오대(五臺) 위의 5만 보살을 친견
하고, 또한 중대(中臺)에서 문수보살의 36변화상을 보고 더욱 수행에 정진했다. 효명왕
자는 후에 나와서 왕이 되어 '성덕왕'이라 불리었다.[82)] 그리고 친히 이곳에 와 중대 아

80) 월정사(月精寺): 강원도 평창군 진부면에 있는 사찰. 643년(선덕여왕 12)에 자장 율사(慈藏律師)가
창건했다. 1307년(충렬왕 33)에 화재로 전소된 것을 이일(而一)이 중창하고, 1833년(순조 33) 소실된
것을 1844년(헌종 10)에 영담(瀛潭)과 정암(淨庵)이 중건했다. 이후 한국전쟁 당시 아군에 의해 전소
된 것을 1964년 탄허(呑虛)가 적광전(寂光殿)을 중창한 뒤 만화(萬和)가 꾸준히 중건하여 현재의 사
세를 갖추었다.

81) 적멸궁(寂滅宮): 적멸보궁. 불상을 모시지 않고 법당만 있는 불전(佛殿).

82) 《삼국유사(三國遺事)》3권 제4 탑상(塔像第四)의 〈대산오만진신(臺山五萬眞身)〉조에는 "자장법사가
신라로 돌아왔을 때 정신대왕(淨神大王)과 태자 보천(寶川), 효명(孝明) 두 형제가 하서부(河西府)에
이르러, 세헌(世獻) 각간(角干)의 집에서 하룻밤을 머물렀다. (중략) 신룡(神龍) 원년에 터를 닦고, 절
을 세웠다고 하였는데, 곧 신룡은 성덕왕(聖德王) 즉위 4년 을사(乙巳)이다. 왕의 이름은 흥광(興光)이
요, 본명은 융기(隆基)로 신문왕(神文)의 둘째 아들이다. 성덕의 형은 이름이 이공(理恭) 또는 이홍(理

래에 진여원(眞如院)을 건립했다. 지금은 빈 섬돌만 남아 있다. 당나라 정관(貞觀) 16년(642) 자장(慈藏)이 입당하여 청량산에서 문수보살을 친견하고 석가여래의 비라금점가사(緋羅 金點袈裟)와 백옥발우, 전신사리, 머리뼈, 치아를 받들어 모시고 본국으로 돌아왔다. 머리 뼈와 사리를 이곳에 봉안하고 남은 것을 사자산 법흥사(法興寺)[83]【원주】, 태백산 정암사 (淨巖寺)[84]【갈래】, 양산 통도사에 나누어 모셨다고 한다.

월정사 대웅전 뜰 안에 8면9층 석탑이 있는데 '여래사리탑'이라고 하기도, '우바국 다사리탑(優婆毱多舍利塔)'이라고도 한다. 어떤 것이 맞는지는 모르겠다.

월정사 8면9층 석탑.

洪)으로, 역시 신문왕의 아들이다. 신문왕의 이름은 정명(政明) 자는 일조(日照)이다. 정신(淨神)은 아마도 정명(政明)·신문(神文)의 와전인 듯하다. 효명(孝明)은 곧 효조(孝照) 또는 효소(孝昭)로 쓴 데서 온 와전인 듯하다. 기록에 이르기를, 효명(孝明)이 즉위하고, 신룡 연간에 터를 닦고 절을 세웠다고 말한 것도 역시 분명치 못한 말이니, 신룡 연간에 절을 세운 이는 성덕왕이다. 지금의 명주(溟州)에 또한 하서군(河西郡)이 있으니 이곳이다."라고 한다.

83) 법흥사(法興寺): 강원도 영월군 수주면 법흥리 사자산에 있는 절. 우리나라 5대 적멸보궁(寂滅寶宮) 중의 한 곳. 신라 말에 절중(折中)이 중창하여 선문구산(禪門九山) 중 사자산문(獅子山門)의 중심도 량으로 삼았다.

84) 정암사(淨巖寺): 강원도 정선군 고한읍 고한리 태백산에 있는 절. 우리나라 5대 적멸보궁(寂滅寶宮) 의 하나로서 '갈래사'라고도 한다. 정암사 부근에 상갈래와 중갈래 등의 지명이 남아 있다.

적멸궁(寂滅宮)【절에서 40리 거리. 좌우에 각각 우물이 하나씩 있고, 우물 옆에 노전을 세운다면 조선의 유명한 종사(宗師)가 눈이 모두 멀게 되기 때문에 지금은 5리 아래에 향각(香閣)이 있다. 적멸궁과 정원에 구멍이 두 개 뚫려 있는데 먼지가 붙지 않고 눈이 와도 바로 녹아버리니 세상 사람들이 이를 '용취(龍臭)'라고 한다.】

상원암(上院菴)【중대(中臺) 아래의 산기슭에 있다. 세조대왕이 문수동자를 친견한 곳이기 때문에 법당에 문수동자상이 봉안되어 있고, 앞의 누각 위쪽에 세조대왕의 어실(御室)이 있다.】

관음암(觀音菴)【동대(東臺)에 있다. 남·북·서 3대(臺)에 단지 빈 섬돌만 남아있다.】

18일

날씨가 매우 청명함. 중대에 올라 적멸보궁에 공양을 바치고 예배하고 돌아왔다. 부처님 앞에 인연이 전혀 없지 않다는 것을 알 수 있었다.

현판에 있는 이철현(李喆鉉)[85]의 시는 다음과 같다.

西竺前緣竟海東	서천축의 인연이 해동에 달하여
地爐峰上梵王宮	지로봉 위에 범천왕의 궁전(적멸궁)
巖藏幻骨苔生綠	그 바위에 사리 모시니 푸른 이끼 끼었고
榻設虛筵錦拂紅	평상 위의 빈자리에 붉은 비단 펼쳤네
應有精灵通帝座	마땅히 제좌[86]에 통하는 정령이 있으리니
庶看形影下天風	하늘에서 내려오는 풍모를 보는 듯하네

---

85) 이철현(李喆鉉): 고종 시대의 인물. 1864년(고종 1)의 증광시에 합격했다. 공주사람.
86) 제좌: 제좌성(帝座星). 천시원(天市垣)에 속하며, 천자를 상징하는 별.

諸山似識宗尊意　산봉우리들이 존중하는 뜻을 아는 듯

環向中臺盡鞠躬　중대를 둥글게 향하여 허리 숙이네.

공경히 차운하여 1수를 지었다.

臺盘南北與西東　대(臺)가 남북과 동서로 서려있는데

最好中央一梵宮　가장 좋은 중앙에 하나의 범궁 있어

威氣甲軍環外列　갑옷군사들이 밖에서 둘러싼 듯하고

祥光花朵滿墻紅　상서로운 꽃송이들이 마당에 가득 붉도다.

挾井旣爲淸宗眼　두 우물은 이미 종사의 눈을 맑게 하였고

穿寶亦應吼道風　뚫린 구멍 또한 도풍에 응하여 울리니

莫謂金容隱化久　불상 사라진 지 오래되었다 이르지 말라

依稀此地有眞躬　어슴푸레 여기에 진신이 있으니.

19일

비에 막혀 월정사에서 이틀을 머물렀다.

20일

동래 범어사(梵魚寺) 객승(客僧) 2명과 해후하여 동행해서 진부역(眞浮驛)을 지나 목령(木嶺)을 넘었다. 그리고 대화(大化)와 방림(方林)을 지나 평창 후평(後坪)나루를 건넜다. 평창 후평에서 잤다.【110리를 갔다.】

21일

평창읍을 지나 진두(眞頭)나루를 건넜는데 몇 겹의 산과 몇 겹의 물을 바쁘게 건넜는지 알지 못한다. 이에 영월 장릉 보덕사(報德寺)[87]에 이르렀다.【소백산】【80리를 갔다.】

저녁이 되기 전에 잠깐 장릉에 올라 봉심(奉審, 보살피다)하고 돌아왔다. 가만히 그때의 일(단종폐위)을 생각해보니 슬픔을 이길 수가 없어 앉았다. 이윽고 석양이 산에 비치는데 사람 모습이 산란하고 내뱉는 소리가 오르내리니, 이는 술에 만취한 중이 절에 돌아가는 것이었다.

보덕사 경내 모습.

---

87) 보덕사(報德寺): 강원도 영월군 영월읍 영흥리 태백산에 있는 절. 668년에 창건하여 지덕사(旨德寺)라 하고, 고려 의종(1146~1170) 때 운허(雲虛)와 원경(元敬)이 증축했다고 한다. 1457년(세조 3)에 단종이 노산군(魯山君)으로 강봉되어 영월에 유배되자 노릉사(魯陵寺)로 이름을 바꾸었다. 1705년에 증축하고, 후에 장릉(莊陵)의 수호 사찰로 지정되면서 보덕사라고 한다.

22일

영월 후천나루(後川津)를 건너 신당치(神堂峙)와 별양치(別樣峙), 후방치(後方峙)를 넘고 또한 가야나루(伽倻津)를 건너, 송치(松峙)를 넘고 영춘(永春)[88] 단양 땅에 이르렀다. 단양 대흥사(大興寺)[89]에 가고자 하였으나 비를 만나 가지 못했다. 환평(還坪) 여막에서 잤다.【100리를 갔다.】

23일

또 10리를 가서 대흥사 청련암에서 점심을 먹고, 또 성치(城峙)를 넘어 풍기 명봉사(鳴鳳寺)[90]에서 묵었다.【30리를 갔다.】

24일

이름을 알 수 없는 큰 봉우리를 넘어 용문사(龍門寺)[91]【예천 땅 소백산】에 머물러 잤

---

88) 영춘(永春): 충청북도 단양군 영춘면.

89) 대흥사(大興寺): 충청북도 단양군 대강면 황정리 회령(檜嶺)에 있었던 절. 신라 때 양산 통도사의 건립 당시 창건하였다고 하며 전성기에는 총 202칸의 당우와 불상 10여구, 오백나한상 등이 봉안되어 있었으며, 승려도 1,000여 명에 달하였다고 한다. 그러나 1876년 소실된 뒤 오백나한상은 강원도 금강산 유점사(楡岾寺)의 승려들이 와서 가져갔다고 한다. 부속암자로는 청련암(靑蓮庵)·원통암(圓通庵)·망월암(望月庵)·굴암(掘庵) 등이 있었으나 지금은 원통암과 청련암만이 남아 있으며, 청련암에는 이 절에 옮겼다는 탱화가 있다.

90) 명봉사(鳴鳳寺): 경상북도 예천군 효자면에 있는 사찰. 875년(헌강왕 1) 두운(杜雲)이 창건하고, 1662년(현종 3)과 1668년의 화재로 전소된 것을 신익(信益)이 중창하고, 1807년(순조 7) 행선(幸善)이 중수했다. 6·25전쟁으로 소실된 것을 1955년 만준(滿俊)이 중건했다.

91) 용문사(龍門寺): 경상북도 예천군 용문면에 있는 사찰. 870년(경문왕 10) 두운(杜雲)이 창건하고, 936년(태조 19) 중창했다. 1835년(현종 1) 소실된 것을 열파(悅坡)와 상민(尙敏), 부열(富悅) 등이 중

다.【20리를 갔다.】

두운(杜雲) 조사가 창건했다. 조선에 용문(龍門)이 셋 있는데 지평의 용문, 예천의 용문, 남해의 용문을 일컫는다. 이(예천 용문)를 '용의 허리'라고 한다. 대장전(大藏殿) 법당의 좌우에 윤장(輪藏)[92]이 있는데, 대개 다른 곳에는 없는 것이다. 마땅히 나라 가운데 제일의 강당이라고 할 만하다.

25일

상주 사불산 대승사(大乘寺)[93]에 이르렀다.【30리를 갔다.】

사불산이란 봉우리 위에 암석이 있는데 사면 모서리가 똑바르고 오뚝한 것이 사면이 모두 불상과 비슷하다. 또한 영험한 일이 있었기 때문에 '사불산'이라고 한다. 산에는 묘적암(妙寂菴)이 있는데, 암자는 나옹 화상(懶翁和尙)의 본사이다. 그래서 암자의 좌측에 나옹의 사리부도가 있고, 암자의 우측 봉우리 꼭대기에 나옹의 수도처가 있으며, 또한 석장(錫杖, 지팡이)을 세운 흔적이 있다.

건했다. 용문사에는 3가지 이적이 있는데, 첫째, 창건 시 두운이 용을 영접한 것, 둘째, 사찰을 건립 시 은병을 캐어 공사비로 충당한 것, 셋째, 9층석탑을 세우고 사리를 봉안할 때 오색구름이 탑의 둘레를 돌았다고 한다.

92) 윤장(輪藏): 대장경을 넣어두는 회전 책장.

93) 대승사(大乘寺): 경상북도 문경시 산북면에 있는 사찰. 587년(진평왕 9)에 붉은 비단으로 싸인 석불이 떨어져 그 옆에 창건했다고 한다. 임진왜란으로 전소된 것을 1604년(선조 37)부터 1701년(숙종 21)까지 중창했다. 1862년(철종 13)년의 화재로 소실된 것을 의운(意雲)과 취월(就越)·덕산(德山) 등이 중건하고, 1956년 화재로 소실된 것을 1966년 중건했다.

대승사 전경(사진 왼쪽)과 묘적암.

26일

환경(煥鏡)과 환허(幻虛) 등 화상들이 강하게 만류하여 이틀을 묵었다.

27일

상주와 문경의 산과 강들을 답사하고 괴산 관청평(官廳坪)의 여막에서 잤다.【100리를 갔다.】

28일

청주 화양계곡과 청천(靑泉) 등을 지나다가 비를 만나 이암사(耳岩寺)[94]에서 잤다.【60리를 갔다.】

---

94) 이암사(耳岩寺): 영동 삼봉산의 이암사(理巖寺)인 듯함.

29일

흐리거나 비오거나 또는 바람도 불었다. 비록 여름철이라 해도 길 가는 데 어려움
이 없어서 서둘러 급히 걸어 본사로 돌아갔다.【120리를 갔다.】

사일평(沙日坪)을 지나 용산(龍山, 계룡산)을 바라보며 절구 한 수를 지었다.

踏盡千山萬水路   천산과 만수의 길을 모두 답사하니
今朝是向故園來   지금의 아침에 이르러 옛 동산에 돌아왔네.
峰峰多少分明指   여러 봉우리를 분명하게 가리킬 수 있으니
彼處雲浮是我回   구름 떠있는 저곳이 내가 돌아갈 곳이네.

원문 입력본

蓬萊日記

三月

初六日 午後發程, 至公州.

初七日 滯雨信宿.

初八日 宜乎發行, 而或恐去來中路有侵漁之弊, 以是意呈于營門矣. 以如有侮視侵漁之端, 申飭禁斷向事, 各該地方官爲題敎, 而出題差晚, 故未得發去.

初九日 自公州發程, 暫訪于灵隱寺禮雲和尚, 付本寺書簡, 而卽渡錦江, 至廣亭, 逢雨, 入旅幕, 晌飯後, 雨不止 一眠旣熟, 開戶視之, 雨止雲駁, 又行至眞溪驛宿. 踰車嶺偶成一絶: 寒菊昔年曉露結 野花今日夕陽紅 荐登車嶺緣何事聞道金剛在海東

初十日 天安邑朝飯, 成歡點心, 至柒原而宿.

十一日 振威邑朝飯, 大皇橋點心, 至華城長安門外靑蓮菴. 其再昨夜一海奉誼宿此菴而去矣.

十二日 過大有坪, 踰遲遲峴, 至葛山點心, 又踰南泰嶺, 渡銅雀江, 而擬欲抵白蓮寺矣, 日已暮矣. 宿江邊旅幕.

十三日 曉頭發行, 至白蓮寺. 行雖不多, 日已午矣. 主客相見, 甚歡然無極, 謂積年相逢故也. 午後小雨, 俄而衍禪復來, 可謂邂逅適願, 而恨不見敬華奉誼, 亦已去矣.

十四日 終日細雨濛濛不止, 與景雲禪師, 有時或看古人法語, 有時或談旧時情話.

而甚從容歡笑度了, 頓忘客懷. 与在本山無二矣.

十五日 　朝雲午陽, 率來敬華次, 送衍禪于北城. 敬華在渠, 師兄興菩薩爲祝所故也.

十六日 　日氣晴明, 而北城去人終無消息故, 瞻望嶺雲, 只自悵悵, 始知待人難待人難耳. 日射時息, 首座忽自仁家, 持一竹器而來, 傾出數介獸竊, 卽玉兎子也. 甚潔白奇妙, 數卽二雙五竊, 價卽一雙給葉四兩云矣.

十七日 　午後日斜, 衍華二禪到拜于前, 責其昨日不來緣何事故, 答以敬華感寒委痛之意, 擧眼視之, 卽華也果尙有病色矣.

十八日 　仁川港口玩覽次, 景運禪師·敬華·戒贊·員卜一命, 合五人同行, 渡楊花江點心, 薄暮纔到於龍洞李班家, 定主寄宿. 是乃敬華之已所嘗識來往家也.

十九日 　整依振錫, 先登關後最高峰. 前後左右次第俯觀, 卽浮海者盡是靑雀黃龍, 撲地者無非高樓巨臺. 其雄壯華麗也, 眞可謂我國之所未曾見者. 退觀本國人之所居, 處所則其麤陋陝隘也, 甚於圂厠. 比於彼人居地, 可謂泥潦之於靑雲, 昆虫之於獜鳳. 鄙陋之心, 自然瀉出於胸中, 甚歎我國人物之無才庸殘何若是之甚也.

又自峰下, 次次歷覽. 最先所到者, 洋醫所居處. 身自無病則別無可問. 而他病人則男女間來往者多矣. 有洋鷄雌雄, 雌則雖大, 別無所異, 而雄鷄則甚凶, 難可久視矣. 次入淸國巡捕所居處, 其言語雖不相通, 其喜笑迎接之道, 倍厚於本國人也. 次欲入洋人居處, 則冷冷落落不可入矣. 次觀火輪自舂砧, 其機械凡節, 但可視之而已, 不可以思議, 不可以形言矣. 又入倭關本源寺, 參拜于法堂. 觀其奉佛之道, 雖不雄壯, 其淨妙也, 則我國所無, 還愧我輩奉佛之麤疎莫甚. 其僧則但有三數, 而欣迎接待之道, 無二於本國同伴. 茶果等屬, 供饋之節, 甚有厚意也.

二十日 　因韓尉原, 入典圜局, 覽造錢器械. 其火輪水桶, 與輪船輪砧, 大同小異, 而尤爲雄壯巧妙, 不可形容.

二十一日 　與本源寺僧, 欲玩倭兵船, 泛舟而將渺然去矣. 中流風波忽起, 未逐如意. 但入輪船, 盡覽上下以還. 又因韓尉原, 得出淸國理事大人名帖. 與本國巡捕, 同入淸兵船, 周覽上下, 其兵器有無, 雖云少異. 火輪製度, 其規一也. 此日 夕陽還至石岩市, 寄宿.

二十二日　至楊花島, 晌飯渡江, 至白蓮, 日已暮矣.

二十三日　自夜霧罩雲籠, 細雨不止.

二十四日　至午始陽, 欲抵華溪, 先至興天寺, 日將合矣. 脚亦勞矣, 卽留宿次入之. 方 建十王殿設大役, 翌日上樑云. 意外忽逢龍華堂, 卽奎之伯兄也, 一面如舊, 接待甚厚, 安宿溫食, 皆其力也.

二十五日　上觀寂照菴, 歷覽奉國寺【藥師】慶國寺【靑岩】, 至華溪寺, 宿荷月家.

二十六日　欲上白雲臺, 荷月以明日同行之意, 干請留連, 故止.

二十七日　與荷月正文, 合四人同行, 齎持餠飯, 緣登攀蘿而登, 登山路難難, 到頭卽白 雲臺也. 江都海色, 忽山下, 水落道峯不敢高, 可知三角山最上峰也, 果一快 活消息, 又自臺下, 歷覽道詵菴【城外東麓】·太古寺·重興寺, 又覽重興寺所 傳翡翠玉香爐·玉香盒·玉塔·玉瓶, 與花柚臺, 卽出大東門. 還至荷月家.

二十八日　雨風鎭日, 無人到, 與主打談, 送客愁.

二十九日　入道峯山. 山下偶成一絶: 雨霽靑天雲散了 隨南隨北信筇遊 道峯山下緣 溪路 無限風光次第求. 至天竺午齋, 又夕陽至望月寺, 寺卽唐貞觀年中, 海 浩禪師初刱, 宋英宗時慧炬禪師重創, 故寺傍有慧炬浮屠也. 又其下有千峰 和尙浮屠, 而水觀居士撰碑銘矣. 其日午前乾鳳鶴山師主入於涅盘, 出殯谷 下, 可驗生死必有緣土, 人生之如朝露無常, 于此可知, 又況我與鶴山和尙, 舊有情親, 其悲慟悽悵, 可勝道哉.

蓬萊日記
四月

初一日　自望月向德寺而去, 有雨氣, 還入荷月家, 午後夕前果雨矣. 中路偶成一絶: 辭下故山今幾日 到城早已大麥黃 這間看度山與水 安得移來畵我墻.

初二日　雖陰不雨, 故向道峯而去, 路逢大雨, 入天藏山萬壽寺竗學家.

初三日　午後始晴, 將向天寶山去, 溪水漲滿, 跋涉極難, 中又逢醉客, 忽見困辱, 可知日數之不幸, 客苦難客苦難, 于此可驗也. 至天寶山鶴到菴, 與雲船師相見, 歸於佛前. 有信向者, 又有親分者也. 向以風病手足俱戰, 向我涕泣, 深恨罪業. 見來未嘗不悵然, 慨歎亦奈何, 是乃前業宿債耶?

初四日　午後細雨始晴, 踰一嶺至佛巖寺, 寺卽智證禪師創建, 而道詵与無學又爲重建修補矣. 今則爲十一陵造泡寺也, 夕後本寺書簡來到, 非喜消息也, 是不幸之示也.

初五日　至水落山聖寺, 寺本內院菴也. 案山有一巖, 形似佛像, 故謂之彌勒峰, 寺号內院矣. 正廟朝祈子于此菴, 始謂聖寺也. 見布化·含影而談話, 移時後, 又至德寺, 寺近經鬱攸之變, 而又復重構, 宏壯煥然一新, 盖霽菴和尙大有功焉. 與一海相逢, 可謂他鄉逢故人, 別有情焉.

初六日　又還入荷月, 與月初和尙, 談話消日.

初七日　裁本寺書, 而送鄭雅, 至夕又雨.

初八日

初九日　　聞全羅道有東徒之變, 兵精五百命自仁川乘輪船而去, 又聞撤陵幸之令, 有
　　　　　只觀舟橋之意, 向鷺梁而去, 又聞撤橋, 卽向斗浦, 周覽後纔到萬壽寺而宿.

自京山爲始 至金剛 日記
四月

初十日　午後自華溪發行, 至楊州泉川【십내】酒幕.【此日行六十里.】

十一日　至楊州逍遙山自在菴.【行四十里.】
元曉祖師所卜, 而太古和尙重建, 純廟朝時虛虛師三刱, 而盖最小菴也. 今水落山德寺濟菴和尙一宿感夢, 而掃旧大建, 盖四刱也. 菴號自在, 羅漢道場故也. 今額云靈源寺矣.

有辦道房【爲万日會】, 滿月寶殿, 靈山殿, 天台閣【在後岩下】, 丹霞閣【在石窟下】.

又有左右瀑布, 而左大右小. 又有石窟, 而泉水在窟內, 泉流之制, 相似於公州竹岩也. 山內有白雲寺·元曉菴. 又有義相臺空砌云.

十二日　午飯于漣川水麗洞, 又自水麗洞分路, 而入寶蓋山洞口, 緣山轉水, 回之曲曲, 溪路行三十里, 至宿深源寺.【卽鐵原地, 此日行七十里.】

弓裔時梵日國師初創, 而無學國師重建也. 古云寶珠山興林寺, 今云寶蓋山深源寺.

有辦道房【奉安三大士尊像, 而稍大於東崔法堂佛像也】, 千佛殿, 冥府殿, 應眞殿, 爐殿【方設大役, 重建矣】

菴有聖住菴, 地藏菴, 南菴【此卽尼居】, 石臺菴【古有李順碩 好獵射矣. 一日射一山猪而逐之, 猪爲所逐入一井, 逐而視之, 猪無去處, 有一地藏石像,

右肩挿箭而坐井中, 順碩悔懼, 而欲拔其箭而不能拔, 以改舊修道之意, 立
願懺悔. 其箭自拔. 於其上築石臺奉安石像, 而修道三日內成功, 肉身騰空,
故謂之石臺云矣】. 安養菴【在外山北麓】, 福禧菴【在安養後山, 祈禱處也】

十三日　宿鐵原懸井.【弓裔都鐵原, 而遠汲此井水而食, 故謂다리우물云矣. 此日行
七十里.】

十四日　踏平岡地. 踰築阿嶺, 宿菊秀塘.【此日行一百三十里.】

十五日　入安邊雪峯山釋王寺, 宿壽君堂【此日行百里.】寺卽太祖大王願堂也, 太祖
於洪武十七年甲子, 遠自金馬【今益山】來寓鶴城【浪城】, 一日假寐, 夢見千
家鷄一時鳴, 又千家砧一時鳴, 又見花落鏡破, 又入破家 身負三椽而出, 覺
來異之, 欲解夢於一老婆, 婆止之曰 "我是女子, 安能解大丈夫之夢兆乎?
雪峯山土窟有一道僧, 往彼問之." 太祖依敎, 而往跪問夢兆. 僧熟視之 曰,
"此吉夢也. 千家鷄鳴 必有高貴位之音, 千家砧鳴 豈無御近當之聲? 又花
落應有實, 破鏡何無聲? 身負三椽, 是王字也. 愼無發泄, 而於此地建一
寺, 號曰釋王.【解釋夢之之王字故】又設五百羅漢供養, 則大有聖助.

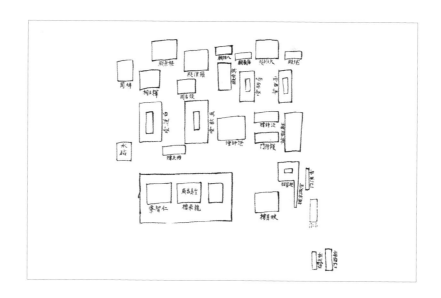

然後周旋."【五百聖供養爲五百年國祚云矣, 至今設供】太祖曰, "敬受教矣."一年內建寺, 三年內設五百聖供矣. 太祖壬申登極後, 入雪峯山 尋見其僧, 封爲王師 卽無學也. 此釋王寺之所以創建也, 爲寺無弊, 於八路爲第一, 而所欠者穀貴也.

寺內有雪河堂, 龍岳堂, 幻船堂, 玩明堂, 月華堂, 泳魚堂, 月岩堂等大師.

十六日　日氣淸陽, 而不勝困憊, 又宿壽君堂.

十七日　風雨終日, 移宿尋釼堂, 月華堂雖是初面, 如對相識, 同宿于祖室.

十八日　朝茶後, 上觀內院菴而還矣, 午後小雨.【此日卽春上甲】

十九日　至安邊黃龍山, 宿普賢寺.【行四十里】

不知何師創建, 而盖新羅古刹也. 太明太祖讀書于此寺, 故爲 大明太祖願堂. 天子賜送四尊金像奉安, 而今只有西邊菩薩像云, 又寺下虹橋是明國石手之所築云, 而無文獻可考矣, 盖古之大刹 而今不免破寺矣.

二十日　登旗竹博伊嶺, 望其東邊 則天有中坊, 而上靑下黑, 莫知其所以然, 久坐熟視 卽東海也. 今日始知海於天下爲物最巨者也. 從嶺以下至泉谷寺【行七十里】亦安邊黃龍山也. 寺名或云興谷寺.

二十一日　過歙谷, 至通川, 登叢石亭而觀之, 眞可謂天下第一奇觀也, 付山石壁皆然, 水中突立者, 又十餘數矣. 至通川邑 寄宿旅幕.【行五十里】

二十二日　過石底橋, 野逢大風 笠不着頂 口不通息. 可以知嶺東之風倍多於南方也. 纔到龍貢寺 卽金剛山麓通川地也.【行三十里】

寺卽高麗臥龍祖師之所創, 而使邑中所稅, 隷貢於此寺 故云龍貢, 今則列聖朝御筆奉安, 而爲景祐宮願堂矣. 去庚申天火, 盡見燒蕩, 甲申賊火 又見燼蕩. 又爲重建, 盖濟菴和尙亦大有功矣. 有極樂寶殿【雖不雄壯, 甚磅礴矣】, 應眞殿, 丹霞閣, 獨聖閣, 辦道房【亦甚雄偉】, 祝聖殿, 鍾樓, 爐殿, 關東第一蘭若【卽別堂】, 涅盘堂, 水砧, 洞下有龍瀑.【水石亦好矣】

二十三日　過長林【卽長安寺精臼也】, 踰使令嶺【此嶺北谷左右峰巒, 於關東雖爲尋常

地, 若在於湖中, 則宜爲奇觀有名處矣】宿筏【音釋俱用】旅幕.【行百里】

二十四日　踰鐵耳嶺【若自淮陽來, 則去寺五十里有斷髮嶺. 斷髮嶺者 高麗時王將軍登此嶺, 望衆香諸峰, 卽斷髮故也.】過掛弓亭【亦王將軍事也】, 入於長安寺.【行四十里】

寺乃新羅眞表律師初創, 懷正禪師重創也. 元皇時奇氏皇后, 一日將欲梳洗, 對大阿水, 水中影現二層法堂, 額云四聖之殿 四字分明. 於是使天下寺刹, 圖形而上, 看之則此寺卽大阿中影現者也. 故爲皇后願堂, 從此名長安寺云. 入我朝幾至殘弊, 尹公師國, 趙公豊恩, 金公思潁, 俱爲憫然. 革罷官役, 重修殿堂, 使寺保支云. 而今又頹傾, 心空和尙竭力修補, 方設大役 重修大雄殿矣.

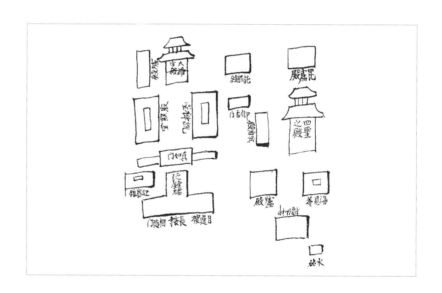

東有釋伽峰, 地藏峰【下有地藏菴】, 觀音峰【下有觀音菴, 普門菴】, 長慶峰【下有長慶菴】, 靈源洞【內有灵源菴), 望軍臺【下有兜率菴】, 百塔洞, 拜嶺【王將軍 自次一拜一步 入此山故】有安養菴, 般若閣 皆尼旁也. 上觀音普

門, 皆亦尼居.

二十五日　入靈源菴, 登望軍臺, 周覽後 宿地藏菴.【來往合八十里】

灵源洞所有諸峰:

地藏峰, 十王峰, 判官峰, 錄事峰, 使者峰, 罪人峰, 牛頭峰, 馬面峰, 沃焦臺,

拜席臺, 又有業鏡臺, 黃蛇窟, 黑蛇窟, 黃流潭【卽黃泉江】

望軍臺去路有水簾洞.

從望軍臺西崖而下, 則有松蘿菴, 菴傍又有淸溪水玉溪水云, 而未及見, 以

初行而無指路者故也, 恨莫甚焉.

登望軍臺, 東望毘盧以下重重諸峰, 則皆如束骨而立, 齒齒玉白, 洒落淸淨

之心, 自然流出, 西望淮陽金城等地, 軒豁呈露, 杳莫見涯, 攀緣鐵索, 艱艱

登來, 果不虛勞矣.

二十六日　過鳴沼, 至白花菴, 當午洗鉢, 菴卽表訓之菴也, 菴內有酬忠影閣【卽三和尙

与西山四溟影閣也.】菴右有西山・鞭羊・楓潭・虛白四禪師碑浮屠, 菴下洞

口, 有懶翁所刻三大石面佛矣, 午後盡覽表訓・正陽, 而還宿表訓寺, 表訓・

長安內外深淺雖異, 卽是一谷, 相去十里矣.【行十里】

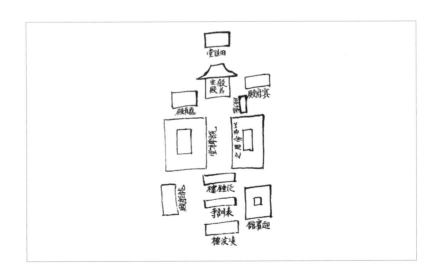

寺乃義湘門人表訓祖師所創, 故謂之表訓寺.

正陽寺【在表訓寺主峰上左側, 去表訓寺爲限三里, 不知何師創建, 而盖先創於表訓寺云矣.】

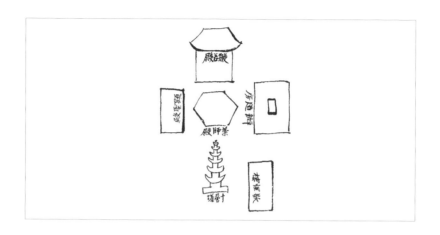

歇惺樓上, 有多名士佳句, 故次韻妄構一首: 嘻此一樓價萬千 衆香全局捻來前 夕陽疑謂重重雪 朝靄忽放朶朶蓮 九龍自是隱深僻 萬瀑恨非在上懸 塵人莫道金剛好 若好金剛必也仙.

表訓寺前所在峰:

頓道峰, 印峰【有此峰故世祖大王駐蹕于圓通菴云】, 七星臺, 香爐峯【卽法起峰案山】, 五仙峰, 靑鶴臺, 鶴巢臺

正陽後有放光臺【卽船菴之案山也, 朴彬居士成道後, 肉身騰空而去時放光于此峰故云放光臺.】

又有千一臺【此正陽寺古有千命大衆, 寺後山崩, 千命盡死之時, 此峰上夜有聲呼一念佛首座而生, 故云千一臺.】

表訓寺山內有

白花菴【在寺下平地】

頓道菴【在寺東南頓道峰下, 新羅時頓道夫人成道于此故云】

普德窟【在萬瀑洞噴雪潭上東崖也, 懷正禪師欲親見觀音菩薩, 祈禱於松蘿菴矣, 一日夢謂曰: "欲見觀音, 尋沒骨翁·解明方去." 沒骨翁卽普賢也, 解明方卽文殊也, 解明方女卽觀音也, 俱爲尋見又與解明方女 同處遊戲, 而不知其爲觀音. 後於沒骨翁言下, 知其爲觀音, 復爲尋去, 不見其處, 深恨, 復於松蘿菴, 祈禱, 又夢謂曰: "向萬瀑洞去." 依其夢, 果於萬瀑洞洗頭盆邊見解明方女, 喜歡禮拜其女, 拂衣而去, 飛入其上石窟. 逐入視之, 但於空窟中有一觀音像. 故欣喜瞻拜, 爲銅柱建法堂於窟口, 其後多歷重建也.】

摩訶衍【去寺十里, 義湘祖師創建也, 世祖大王自圓通菴欲駐蹕于此菴, 幸至菴下, 有空中"勿入"之聲, 不得入而過, 而至佛地菴, 祈禱云矣.】

佛地菴【自摩訶衍越一麓有之, 菴下自甘露水矣.】

妙吉祥【佛地靑龍頭巖也, 懶翁和尙所刻造成石面佛, 高爲七八丈矣.】

圓通菴【在下萬瀑洞北邊分谷中, 世祖大王久住於此菴云.】

船菴【朴彬居士居此, 成道, 秉石騰空而去云.】

須彌菴【有須彌塔須彌臺, 故云須彌菴. 菴之前後巖石使巧人善手專爲刻成, 不過於是妙也. 元曉祖師在此菴, 度永浪神仙爲野雲祖師云.】

萬灰菴【萬慮俱灰之意也.】

歇星樓東望所在山與水:

毘盧峰, 衆香城, 釋伽峰, 彌陀峰, 圓滿峰, 迦葉峰【其下又有窟】, 須彌臺, 永浪臺, 白雲臺【下有金剛水】, 龍角峰, 彌勒峰, 日出峰, 月出峰, 遮日峰, 三人峰, 白馬峰, 十王峰, 穴望峰【天地開劈時, 以纓穿此穴而擧, 則金剛盡擧, 懸之空中, 故三災不入于金剛云, 而不免虛誕之失矣】, 隱寂峰, 八人峰, 丞相峰, 望軍臺, 萬瀑洞【自表訓至摩訶衍中間水石】

二十七日　登頓道峰上頓道菴, 與風巖長老相逢, 談話. 午後至摩訶衍.【十里.】

自表訓至摩訶中間, 萬瀑洞中潭名與臺號:

金剛門, 金剛【軍城居九歲兒所書, 未盡山字而死云】, 蓬萊楓嶽元化洞天, 萬瀑洞, 天下第一名山, 三仙局, 神仙臺, 四仙臺, 白龍潭, 古靑龍潭, 洗頭盆, 訪仙橋, 影娥池, 黑龍潭, 碧波潭, 琵琶潭, 噴雪潭, 萬聲巖, 眞珠潭, 水簾, 龜潭, 船潭, 大龍潭, 獅子岩, 事蹟峰, 普德窟【萬聲岩上】, 又有尤菴先生之霽月光風等四行刻字, 而忘却不記.

噴雪潭下盤石上有刻石詩一首【李秉鼎号異菴】: 曲曲奇奇孰錫名 洞天氣勢自然成 低爲萬瀑源流遠 高敵九龍造化平 巧鑿船龜渾底狀 散噴珠雪摠迷情 飛騰翠壁光風字 淸入琵琶不盡聲.

此日夕陽登白雲臺, 攀壁上鐵索, 難難到頭, 望觀衆香諸峰, 則亦一快活消息也. 又從臺東下至其臺根, 飮金剛水, 而還登白雲臺, 復下.

摩訶衍前後諸峰:

觀音峰, 龍王峰, 南巡峰, 須菩提峰, 法起峰, 波崙峰, 維摩峰, 觀音峰, 經函峰, 香爐峰, 茶器峰, 燭臺峰.

七寶臺【摩訶衍後龍也.】

二十八日　登覽須彌菴船菴圓通菴, 還宿于摩訶.【行五十里】

須彌菴所在峰:

須彌臺【此菴去寺三十里, 以景於內山爲第一, 左右峰巒, 使人巧造, 亦不過此妙矣】, 須彌塔, 九皐臺, 降仙臺, 凌波臺, 龜巖, 鱉巖.

船菴有三佛峰, 地藏峰, 天王峰.

圓通菴有蓮花峯.

二十九日　與卓明大師同行登毗盧峯, 望四方, 皆可以俯觀, 無一所翳, 眞可謂毗盧峰上更無山, 東海之東更無東矣. 又還宿于摩訶.【來往八十里】

三十日　踰雁門岾, 而登隱仙臺, 望觀聲聞洞十二層瀑又下至楡岾寺.【三十里】

無一岩石而唯是一局土, 山如反竹器, 四面惡石中, 豈知此一局土址也, 漢平帝甲子年中, 文殊所造与金佛五十三尊所載鐘, 浮到於高城界. 人民見而異之, 馳告於官高城守盧偆, 明日往視之則鍾無去處, 只有大小足跡向金剛而去, 沙上有分明痕迹, 往追之中路, 失蹤彷徨, 忽有文殊化身, 指其去路, 依而追去於一嶺中間, 又有尼僧指路嶺上, 又有一狗前導, 隨而至一嶺, 聞山內鐘聲, 歡喜而尋去, 則懸鐘於池邊楡樹上, 五十三尊列坐於池邊. 盧偆無數敬禮, 後出山. 以是緣由馳告于新羅第二主南解王, 王又入金剛, 奉見尊像, 不勝歡喜, 塡池立寺. 池內九龍初欲頑拒, 凶湧波濤, 拔樹倒植, 則五十三尊又坐於楡根枝枝矣, 俄而水熱如湯, 九龍不耐其熱, 避去于神溪寺九淵. 於是立寺而奉安五十三佛, 故謂楡岾寺. 寺下有歡喜嶺·盧偆井·狗嶺·尼岩·文殊村等名.

妄構一首: 佛號先到已多秋 漢帝空懷萬里愁 鐘響落時塵夢歇 楡根倒處福光流 入看雖是平底裏 外到是眞最上頭 爲語人間若惱客 世情欲斷陟斯樓.

有中內院【卽千龜道場, 故前後岩多, 皆如龜狀, 上有彌勒峰, 前有萬景臺, 又有動石矣】, 明寂菴, 般若菴, 白蓮菴, 寂滅菴, 鶴巢臺【有眞靑鶴巢其上云】, 爐殿後有烏啄水.

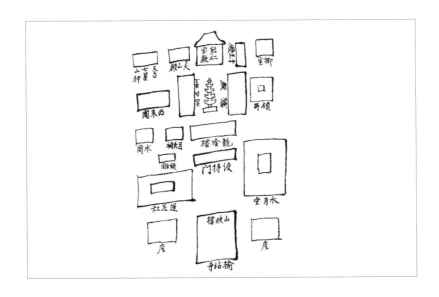

自京山爲始 至金剛 日記

五月

初一日	上中內院, 登彌勒峰, 觀望四方, 三方皆軒豁洞視, 而北方爲毘盧所遮, 不得遠望, 可知毘盧爲金剛之最高峰也. 還宿西來閣.【來往八十里】
	中內院最下谷口有船潭. 楡岾寺前有樹, 而似松非松, 似栢非栢, 其葉春發秋落, 傳謂之桂樹而無香可訝.
初二日	慧雲·錦潭·東船諸師强挽, 故又爲信宿.
初三日	過歡喜嶺·獐項·盧椿井·狗嶺·尼岩·百川橋等地, 至神溪寺.【行八十里】
	寺是眞表律師創建, 而寺前溪水, 平達于海, 則魚應多來, 而不得入, 故云神溪寺. 已往鱗魚多上, 爲寺大弊, 故普雲祖師以神通禁拒, 不得入云矣.
	有世尊峰普光菴【萬日會. 有大應和尙】, 觀音峰普雲菴【講堂 有景菴堂】. 玉流洞·飛鳳瀑·舞鳳瀑【皆去九龍淵之歷路】. 九龍淵【尤菴先生刻石云, 怒瀑中瀉, 使人眩轉, 千丈白練, 萬斛眞珠】, 八潭【可以登高遠覽, 無路可以狎觀】.
	又有一嶺有溫井·鉢盂峰. 向溫井嶺入三十里, 有舊萬物草. 又入十里, 透過金剛門. 後又有 新萬物草.【於金剛第一奇觀, 末後觀覽, 宜可一笑. 若先觀此峰, 後覽諸峰, 則無味矣.】

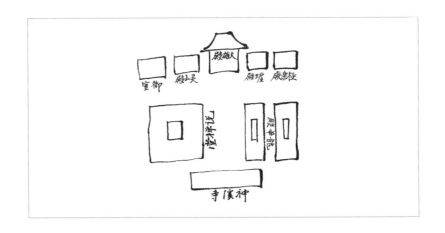

玉女洗頭盆【又有'金剛第一關'刻字矣.】又踰溫井嶺, 西入, 有千佛洞【雖云'第一勝處', 最難入去, 世無入者, 故未及觀覽.】

去寺十里南邊有

動石洞【內有一岩, 大如屋子 雖一指可以小動, 又雖億萬丈夫亦不過小動故云】. 鉢淵寺【眞表律師創建, 而洞內多有如鉢之淵故云.】【上二處亦未及登覽】

初四日　得指路人一命, 同行入九龍淵, 周覽【若一失足, 喪失身命處. 去路皆然】. 又登九淵瀑左峰上, 望觀八潭, 而下宿普光菴.【行八十里】

初五日　移錫普雲菴, 與景菴堂及數箇學人合五人同行, 登新萬物草, 觀其上下左右岩石峰臺, 則奇怪形像不可以形言, 從此始知金剛爲天下名山也. 還下溫井, 沐浴三度而宿.【行八十里】

嶺東鄕人辦天氣云, 端午日水裏塞吹上, 則陰雨四十五日然後止也. 今日吹水裏塞云矣. 果自翌日陰雨矣.

金剛四寺, 長安表訓在嶺西淮陽地, 楡岾神溪在嶺東高城地.

嶺東八景次序: 平海月松亭, 蔚珍望鄕亭, 三陟竹西樓, 江陵鏡浦臺, 襄陽洛山臺, 杆城淸肝亭, 高城三日浦, 通川叢石亭, 歙谷.

初六日	欲觀海金剛, 午後發程, 過高城邑, 至立石浦, 逢雨入宿.【行四十里】
初七日	日過午未, 雨纔止矣. 船價二兩作定, 乘船而去矣. 去不遠, 不勝水疾, 而還下, 信宿于立石浦.
初八日	日氣甚陰, 而姑不雨下, 則勢不可以不行. 於是發程, 渡南江, 過懸鐘岩下.【又於海水中, 有石船覆置者, 又有維繩而傳言, 五十三佛之靈跡云, 而未知其然矣.】幾至日暮, 冒雨而入乾鳳寺, 宿極樂殿.【行九十里】

乾方有鳳巖, 故謂乾鳳寺. 創建主【阿道和尙而創建於高句麗安臧王三年】未及得記, 而盖新羅古刹也. 發徵和尙初設萬日會同修淨土業, 肉身騰空者, 會中三十一人, 今萬日會爲第四設云矣.

| 初九日 | 非但困憊, 桂明上人挽接, 故信宿于樂西菴. |

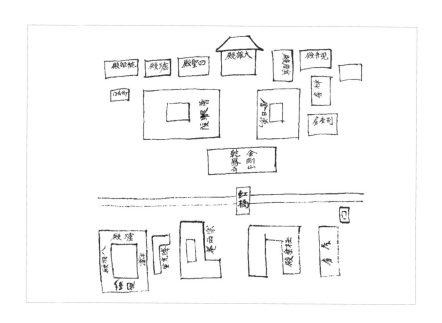

| 初十日 | 雖陰姑不雨, 故發行, 緣海邊路, 過干城邑. 至暮冒雨, 入干城華嚴寺.【行八十里】 |

亦眞表律師創建, 而舊則八房云. 今則多歷火災 纔有一房矣. 去寺二十里許, 海邊有自磨石云 而未及往見, 又有清肝亭虛砌而已云.

寺有大雄殿, 說禪堂, 爐殿, 影閣, 正門樓, 彌陁菴, 華膺殿, 安養菴, 寺前有穗岩【有此岩, 故寺內富不絶云矣】

十一日 終日雨下, 信宿于此寺.

十二日 又雨不止, 故又爲信宿.

十三日 雨纔止矣. 午後發行 至天吼山繼祖窟. 觀其後天吼之諸峰羅立, 爲窟之制度, 至奇至妙, 於所看來 以菴爲第一奇絶處矣. 窟內所建, 爲限六間家舍. 窟內所藏, 雖嚴冬不凍, 還有熏氣云, 是亦可異. 窟外爲門凡節, 亦甚異常. 門外有臥牛岩, 而上平, 可以坐百許人. 牛岩頭又有動石, 又其傍有龍岩高立. 岩底有泉, 亦甚淸冷, 而可謂石面半朝矣. 又過內院菴, 至神興寺.【行二十里】新興寺卽雪嶽山.

繼祖窟案山卽雪嶽山東麓也. 有釋伽峰, 彌勒峰, 伽羅峰, 達摩峰, 含旺瀑. 雪嶽內山有百潭寺, 五歲菴, 鳳頂菴, 大乘嶺, 大乘菴, 大乘瀑布.【此瀑布爲天下第一奇觀云, 而未及觀覽, 恨奚甚焉.】

十四日 陰而不雨 發至洛山寺.【行四十里】義湘祖師創建也.

義湘自唐而還, 常欲親見觀音菩薩, 到此海邊岩上, 翹其足三七日精勤後, 果見觀音眞身, 隨入窟內 飽聞法誨, 奉受水晶百八念珠而出 建法堂于窟口. 故有普德窟【法堂】, 紅蓮菴【爐殿. 是一葉紅蓮在海中之意也.】, 義湘臺【海上岩石】, 舍利浮屠【舍利自空中而落在卓上, 故建浮屠.】, 義湘祖師又一日夢, 菩薩謂之曰, "所筍生處, 建吾室, 又其下有旃檀土矣. 鑿造我像. 果忽竹筍生於今法堂地, 故依其示, 建寺造像, 故有圓通寶殿【在最高地, 去窟爲一里】, 兩叢烏竹【法堂層階下兩邊有之.】, 十層石塔【鑿旃檀土處】, 靈山殿. 又有御室【世祖大王駐蹕故】, 又有肅宗大王御製詩懸板于賓日樓.

板上御詩: 快登南里洛伽峰 風捲纖雲月色濃 欲識圓通大聖理 有時靑鳥含

花逢.

敬次妄構一絶: 地盡東頭最著峰 洛伽宮下碧波濃 義公去後今千禩 聖蹟慈容又孰逢.

大抵門樓卽賓日樓也. 樓下又有梨花亭矣. 登樓而坐, 東望滄海, 蕩無際涯, 但見風帆, 有時來往. 嶺東八景, 此東臺似爲第二景矣.

十五日　有時陽, 有時陰, 有時雨. 行行且行, 至明珠寺圓通菴, 亦襄陽地, 而山名忘却不記.【行六十里】

明珠寺者, 慧明大珠兩祖師之所創建故云. 今則菴爲寺役, 寺卽一爐殿而已矣.

十六日　滯雨信宿. 龍嶽老宿, 一峰和尙, 富林上人, 俱爲款曲接待矣.

十七日　亦雨陽相半, 蹂前後嶺 及長嶺而度盡, 山疊水重, 崎嶇險路, 至五臺山月精寺.【卽江陵地, 行百里】

慈藏國師創建也, 山之最高峰爲毗盧峰, 自峰而落, 東爲滿月臺, 南爲麒獜臺, 西爲長嶺臺, 北爲象王臺, 中爲地爐峰. 寂滅宮在此地爐峰上也. 新羅時王子淨神孝明二人, 隱居此山, 結社修道, 而親見五臺上五萬菩薩, 又見中臺上文殊菩薩之三十六變化, 轉加精修. 孝明王子後出爲王, 號聖德王. 又親臨此地, 於中臺下健眞如院. 今但有虛砌矣. 唐貞觀十六年慈藏入唐, 於淸凉山親見文殊菩薩, 而奉承釋迦如來緋羅金點袈裟, 白玉鉢盂, 全身舍利, 頂骨齒牙, 而還本國. 奉安頂骨舍利于此地, 分奉其餘於獅子山法興寺【原州】, 太白山淨巖寺【葛來】, 梁山通度寺云矣.

月精寺大雄殿庭中有八面九層石塔, 而或云如來舍利塔, 或云優婆毱多舍利塔云, 未詳孰是也.

寂滅宮【去寺四十里, 左右各有一井, 而若建爐殿於井邊, 則朝鮮有名宗師, 眼皆隨爲盲, 故今於五里下有香閣, 又宮庭穿兩孔, 而塵不得着, 雪來卽消, 世人云此是龍臭云矣.】

上院菴【在於中臺下麓也. 世祖大王親見文殊童子之所, 故法堂奉安文殊童子像, 又於前樓上有 世祖大王御室矣.】

觀音菴【在於東臺也. 南北西三臺但空砌矣.】

十八日　日氣甚淸明, 上中臺, 獻供禮拜于寂滅宮而還, 可知於佛前因緣全不無焉.

板上有李喆鉉詩: 西竺前緣竟海東 地爐峰上梵王宮 巖藏幻骨苔生綠 楊設虛筵錦拂紅 應有精灵通帝座 庶看形影下天風 諸山似識宗尊意 環向中臺盡鞠躬.

敬次妄搆一首: 臺盤南北與西東 最好中央一梵宮 威氣甲軍環外列 祥光花朵滿墻紅 挾井旣爲淸宗眼 穿寶亦應吼道風 莫謂金容隱化久 依稀此地有眞躬.

十九日　滯雨信宿于月精寺.

二十日　與東萊梵魚寺客僧二人邂逅相逢, 而同行過眞浮驛, 踰木嶺, 又過大化·方林, 而渡平昌後坪津, 宿於平昌後坪.【行百十里】

二十一日　過平昌邑, 而渡眞頭津, 又不知幾疊山幾重水, 忙忙度了, 而至寧越莊陵報德寺.【卽小白山】【行八十里】

夕前暫於陵上, 奉審而還. 靜思當世事, 不勝悲感而坐, 俄而夕陽在山, 人影散亂. 唾聲上下 此酒量滿而僧歸寺者也.

二十二日　渡寧越後川津, 踰神堂峙·別樣峙·後方峙. 又渡伽倻津, 踰松峙, 踏永春丹陽地. 欲到丹陽大興寺, 逢雨未果. 宿還坪旅幕.【行百里】

二十三日　又行十里, 至大興寺靑蓮菴, 點心, 又踰城峙, 至豐基鳴鳳寺, 宿.【行三十里】

二十四日　不知何名而踰一太嶺, 至龍門【醴泉地小白山】寺, 留宿.【行二十里】

卽杜雲祖師創建也. 朝鮮有三龍門, 謂持平龍門, 醴泉龍門, 南海龍門. 而此爲龍腰云矣. 大藏殿法堂有左右輪藏, 盖他處所無也. 宜乎爲國中第一講堂也.

二十五日　　至尙州四佛山大乘寺.【行三十里】

　　　　　四佛山者, 峰上有岩石, 四面方正, 而標兀者, 四面皆似佛像. 又有灵異事,
　　　　　故云四佛山. 山有妙寂菴, 菴卽懶翁和尙本寺也. 故菴左有懶翁舍利浮屠,
　　　　　菴右峰上有懶翁修道處, 而又有立錫之痕矣.

二十六日　　煥鏡·幻虛諸和尙强挽, 信宿.

二十七日　　踏盡尙州聞慶諸山諸水, 而宿于槐山官廳坪旅幕.【行百里】

二十八日　　過淸州華陽洞靑泉等, 而逢雨, 宿于耳岩寺.【行六十里】

二十九日　　或陰或雨又兼風, 雖日炎夏, 行路無難, 故忙忙急步, 還至本寺.【行
　　　　　一百二十里】

　　　　　過沙日坪, 望見龍山, 偶成一絶: 踏盡千山萬水路 今朝是向故園來 峰峰多
　　　　　少分明指 彼處雲浮是我回.

金剛諸處板上詩謄出
【諸處皆有懸板而, 閑則謄, 忙則不謄.】

叢石亭【有多士詩, 而未得盡記.】

叢叢齒齒眼初寬, 倦步津亭不覺還, 峰立千年唯石氣, 人來萬古幾衣冠,

東南地坼船何去, 上下天空月亦塞, 若使親朋留後約, 花開酒熟又登看.【知郡 芝圃】

海山東坼日光寬, 四老何年同醉歡, 盈壁圖書騷客興, 滿朝靑紫夭夫冠,

仰天奇石千年立, 掀地驚濤四序寒, 東到今春何壯觀, 摸來眞景盡而看.【李容周】

天成叢石入眸新, 亭立層濤閱成春, 制不從繩如許直, 硺無在矩自然均,

旣非遼野千尋柱, 疑是上方丈六身, 到低形容奇絶處, 終難認得化功神.【鶴林歸客三景】

重構燦然一倍新, 此行喜屬載陽春, 森羅莖幹叢叢束, 磊珂觚楞箇箇均,

鬼斧斸奇挺瘦骨, 化椎琢巧植苔身, 未知來世龍華會, 堂礎其能瀉海神.【洪】

長安寺 月邊樓

長安古刹冠金剛, 竊據灵區刱法場, 喜事羅王開佛國, 何年元使降天香,

尖峰岌嶪今將墜, 亂石陰森夏亦凉, 仙子不來秋色遠, 名山靜夜獨彷徨.【金思潁】

淡雲輕雪集蓬萊, 粧點蓮花幾朶開, 怳惚群仙朝碧落, 金冠玉珮月中來,

朱旛一路萬山通, 踏盡層溟日出東, 三入便如回道士, 碧桃花發又春風.【上二 蓬萊伯尹】

萬川橋過卽昇仙, 一見從來有宿緣, 玉立叢叢金粟頂, 梯入直上大羅天,

不夜瑤城傾國香, 殷紅晚翠巧成粧, 雲裳剪出天孫錦, 猶帶銀洲八月霜,

鳴玉潭西明鏡臺, 忽如前度又今來, 憶從畫裏看眞面, 方覺謙翁儘妙才.【上三 李羾晉】

下筆金剛寺, 傍人强止之, 若然無一字, 來者亦如斯.【沈舜澤】

憐金剛僧

寄語名山僧, 愼莫作金剛僧. 金剛僧, 金剛僧, 天下第一可憐僧, 大小遊客春復秋, 指杖先導指路僧, 前跪後立石确路, 氣喘口嘎藍輿僧, 十里五里中火所, 敲石出火炊飯僧, 夋佒詩囊與衣橐, 背負如山負持僧, 天丈萬丈浮階上, 命在頃刻刻手僧, 終日汨沒廚房下, 形如黑漆三輔僧, 攀行不謹逢打罵, 東曳西捽主掌僧, 此皆人間最苦役, 一以埤之殘弊僧, 渠亦人子郍得堪, 十寺九空不見僧, 萬二千峰雖云好, 金剛山中若無僧, 縱欲見之將無奈, 區區此言非爲僧, 奉托東遊諸君子, 請君須憐金剛僧.【進士 金魯謙】

灵源菴

穿林重度轉淸幽, 萬曲粧成一奧區, 千塔誰藏深洞裏, 十王宮列亂峰頭,

癯禪獨住蒼崖古, 游子忘歸赤葉稠, 聞說灵源通異氣, 沃焦臺上佛光浮.【不記名】

地藏菴

地藏菴淨灑, 矗壁近天雲, 曇花秋墻落, 寶磬月樓聞,

懺悔多眞侶, 經文蓮俗群, 僧殘誰寺役, 霜嶽付諸君.【豊恩】

正陽寺 歇惺樓

宛是身登兜率天, 笑看塵世窄三千, 石如彈指坐來佛, 峰似吹笙飛去仙,

鐘磬自鳴深樹裏, 樓臺高出夕陽邊, 名山欲使眞形秘, 一望濃霞一望烟.【孫瀅銖】

上方樓閣破荒天, 位置高峰萬二千, 錫杖鳴歸放光佛, 羽衣飛下弄簫仙,

人寰窄窄鐘聲外, 今古寥寥塔影邊, 再到蓬萊身已老, 只將詩句賞風煙.【崔亨基】

萬有金剛又二千, 無山不立此樓前, 橫天白凝經冬雪, 滿眼靑浮出水蓮,

今日行裝秋興伴, 一生魂夢月同懸, 蓬萊已是吾心界, 若道求仙不便仙.【小雅】

群玉神山萬二千, 化工擲在此樓前, 四圍疊石晴天雪, 一抹奇峰陸地蓮,

歇處山門流水靜, 惺來虛壁夕陽懸, 精神逈出烟霞外, 白髮蒼顔坐若仙.【李喬榮】

洞天法界闢三千, 誰起高樓萬瀑前, 不盡乾坤長在雲, 無形圖畫半開蓮,

管來全國斜陽立, 記得名區枕夢懸, 曾笑蓬萊非俗吏, 始知今日作眞仙.【趙秉和】

樓對晴峰萬二千, 最奇絶處夕陽前, 長來幅幅瑤姬姬錦, 秀出叢叢玉井蓮,

五月如秋霜氣積, 九天疑落水聲懸, 冷風一道吹衣袖, 忽欲飄飄去作仙.【李羽晉】

簇立金剛萬二千, 誰敎輸納一樓前, 層層浩劫長留雪, 箇箇遙空不墮蓮,

雲氣暮朝空淡抹, 月輪今古自孤懸, 廬山眞面山中見, 合把玆遊詫謫仙.【西坡】

草草登臨興未闌, 粉墻玉璧一般團, 萬二峰巒天半起, 丹靑樓閣畫中看,

紅樹白雲分繡幕, 斜陽流水映華欄, 蓬萊洞口探幽景, 管領溪山亦好官.【徐光始】

紅葉禪家賞晚秋, 浮生斷送世間愁, 忽聞玉笛空中過, 不盡金波海外流,

萬古月明山角角, 四時雪落石頭頭, 玆遊可作淸都夢, 滿目烟霞獨倚樓.【申彭齡】

到此難分春與秋, 飛花殘雪錯詩愁, 晴霞繞壁紅成疊, 老栢披雲翠欲流,

三千沆瀁仍通氣, 萬二峰巒卽上頭, 慾海迷津郍復渡, 今行歇惺賴斯樓.【安昌烈】

正陽鐘落白雲峰, 萬二千峰一幅奇, 自是乾坤無壯觀, 幾多仙佛摠愁疑,

爲聲簫瑟秋先得, 有氣虛名夜不知, 欲看此山眞面目, 歇惺樓上夕陽時.【李裕膺】

昔聞今見不虛名, 畫出錦屛色色明, 百尺危欄無地起, 千尋恠石倚天成,

人登玉局三淸界, 詩動金剛萬瀑聲, 借問蓬萊何處在, 雲坮寂寞月林平.【月峰】

歇惺樓上望金剛, 眞面金剛在夕陽, 眼底千峰皆翠黛, 空中一道忽紅光,

瀛洲方丈齊名地, 菩薩神仙大會場, 鐘磬自鳴秋葉下, 面頭四十六年忙.【金炳冀】

一樓逈在白雲邊, 眞面全輸萬二千, 出水芙蓉移箇箇, 馭風鸞鶴起翩翩,

如何怒氣飛騰地, 更作晴光寥泬天, 微雪乍過渾碎玉, 夕陽生色畫欄前.【李】

畫樓屹立雨聲邊, 登眺金剛萬二千, 白面石翁頭點點, 玄裳繡鶴羽翩翩,

眞如箇裏曾無物, 宗是人間別有天, 回首彤樑仍感舊, 重懸承緖戒來前.【李鍾殿】

金剛全面歇惺樓, 詩不能形畫美收, 萬古精華花蓓蕾, 半空虛白玉雕鏤,

冷風怳若神仙遇, 歸日應無躄躠羞, 又被南州催五馬, 百年孤負此淹留.【成赫壽】

老吳斫桂尙多暇, 更斲蓮花萬二千, 散擲虛空根揷地, 呀呀拍手烘群仙,

一一雕鏤獨殫巧, 化翁猶自費心機, 比將五岳堪雄長, 擬着三山定是非,

排排非非如相競, 怪怪奇奇似有神, 只恐蓮花無盡朶, 如來葉葉解分身,

萬朶蓮開濯露容, 千枝戟揷洗霜鋒, 神仙失去蓬萊脚, 偸訪花宮曉晚鐘.【上四 西溪樵老】

天開楓嶽付人間, 玉佩金冠待我還, 萬象交呈千古色, 祇云造化不言山.【齋山】

金剛削出白雲間, 先我仙人去不還, 唯有歇惺樓上月, 千年來照此江山.【春史】

歇惺樓出白雲間, 皓首四風一枝還, 萬二千峰眞面見, 更無詩句更無山.【金炳冀】

問爾金剛寺在僧, 金剛都是幾峰層, 答云欲說金剛景, 萬二千重石勢仍.【李集喬】

偶得仙緣到此區, 金剛聳出白雲頭, 奇奇怪怪金剛景, 萬二千峰第一樓.【方漢初】

或仙或佛立奇奇, 萬二千峰各自形, 欲識金剛無限景, 崔嵬陟彼問山靈.【金在洛】

歇惺樓前夕陽遲, 萬二千峰怪奇奇, 可惜金剛今古恨, 英雄一遇有誰志.【金善基】

萬二千峰各有名, 重重盡入夕陽明, 老僧拈點蒼空立, 一朶濃雲滿眼生.【李秉五】

一筇扶我白雲游, 萬二千峰次第收, 但道去天纔咫尺, 不知身在歇惺樓.【金貞淳】

歇惺樓上聽鐘遲, 游賞如何却最宜, 且置雨朝與月夕, 澹黃山日欲斜時.【李明迪】

楓葉蕭踈八月秋, 馭風飛上歇惺樓, 夕陽萬二千峰色, 歷歷行人一枝頭.【李教奭】

西風鐘落寺門幽, 亂瀑聲中亦葉流, 夜色虛名人獨立, 衆香城月一樓秋.【趙羲日】

正陽樓下淸鐘散, 征客春衫躑躅滿, 三百諸天欲大畵, 山靈抽出水精管.【荷屋】

秋高木落雲烟散, 仙嶽眞形樓上滿, 一白紗籠留畵欄, 山靈呵護水精管.【不記名】

靑天削出玉芙蓉, 夕照玲瓏畵石容, 試向歇惺樓上望, 紅楓一萬二千峰.【碧崔山樵】

朶朶芙蓉湧碧空, 霜風染得滿山紅, 樓前萬二千峰色, 盡入斜陽錦繡中.【小香山人】

霜林披拂玉參差, 大界虛名色相宜, 第一名山奇畵幅, 歇惺樓外夕陽時,

膚得化精立骨叢, 金 經劫盡霜峰, 皚皚凜凜嫌塵汚, 半入滄溟半入空.【上二 芙林闍黎】

中正起樓紫翠間, 何人一坐不知還, 萬二千峰休借問, 夕陽雲盡見全山.【艸广】

巨嶽臨東濱, 雄雄半天出, 日月互蔽虧, 神仙紛宅窟,

我欲逝從之, 塵纓甚拘鬱, 安得丹竈方, 飛去宿願畢.【退溪】

菊史三山路, 楓林八月秋, 名區窮勝覽, 何處是仙游,

天上尋龍瀑 鏡中坐歇樓, 錦囊眞面得, 夕照使人留.【洪鍾學】

所聞名詩

山与雲俱白, 雲山不辨容, 雲歸山獨立, 一萬二千峰.【尤菴】

四仙臺月白, 千塔洞風淸, 若使僧綏畵, 其何萬瀑聲.【秋史】

矗矗尖尖怪奇奇, 天人仙佛捴相宜, 示生詩爲金剛惜, 及到金剛不敢詩.【金三淵】

摩訶衍

大乘孤菴萬仞山, 游筇直欲白雲攀, 傳言桂樹有無際, 卽看楓林空色間,

高擁衆香增瘦骨, 平臨七寶捴屛顔, 淨緣不盡金剛內, 花雨遲五一日還.【崔瑗】

摩訶潭雨語殘僧, 危彼毘盧老來登, 霜月衆香開矗矗, 風雷萬瀑溯層層,

太陰龍吼雲爭起, 下地鴻濛氣欲蒸, 南海誰移叢種樹, 丹家火鼎我無能.【豊恩】

金剛山起大瀛東, 萬朶芙蓉散碧空, 四極蒼蒼能坐見, 毘盧高出白雲中.【沈在顯】

中內院

海嶽盤旋擁此林, 孤菴景物古與今, 一輪皎月虛堂色, 百谷懸泉靜夜陰,

夕老雲磨經劫態, 松靡雪壓耐寒心, 發聲淸磬是非外, 無事兀然樓碧岑.【懶隱】

森森翠白白雲林, 內院灵區始見今, 古佛尙傳金法起, 老僧遙指石觀音,

靑川半落三山角, 碧海圓通萬里心, 默坐焚香瞻北斗, 一聲淸磬月明岑.

小菴淸淨試携屐, 看遍林泉竟日逞, 萬景臺高天不遠, 九連洞僻世云稀,

閑雲影裏僧無事, 瀑布聲中客意機, 晚起不知山石白, 峰峰疑是雪花飛.【高時寅】

楡岾寺 西來閣 大雲禪師別堂

楡岾高乘號大雲, 去三年後出山門, 再攀甁鉢隨緣喜, 頓洗塵心近似君.【荷屋】

萬二千峰多白雲, 憶曾秋色滿禪門, 郍知一別金剛後, 六七年回又見君.【炳冀】

衣拂曇花足躡雲, 偶然飛錫到荊門, 多慙苦海常吟病, 此世間人孰似君.【閔泳緯】

正思楓嶽萬峰雲, 卓錫飄然入洞門, 未必膏車向東峽, 四時淸景好憑君.【金哲淳】

九龍淵雨雁峰雲, 躑躅花開滿洞門, 相國爲聞多絶勝, 晝堂紅燭夜留君.【崔亨基】

【此上五首 大雲禪師上京時 諸公贈詩者】

洛山寺

滄溟一面揷層峰, 松桂陰陰紫翠濃, 試看欄頭奎壁動, 上方臺殿亦遭逢.【此奉次御製韵
府使 蔡彭胤】

西竺山形鷲嶺廻, 何年金刹海邊開, 觀音窟邃驪珠出, 義湘臺高靑雀來,
方士樓船空斷目, 蓬瀛咫尺可浮杯, 憑欄更喜長風起, 天際鵬圖亦壯哉.【洪秉宋】

海上靑山一髮橫, 普陀幽勝昔聞名, 門迎玉輦梨花發, 座現金輪所樹生,
古殿猶存羅代佛, 曾峰遙對蕊王城, 曉來紅日窓間出, 翹首扶葉萬里情.【徐有英】

南游遠客又東游, 別有仙臺地盡頭, 潮打滄洲龍鬪窟, 菴依亦壁蜃成樓,
蒲團永日千年佛, 瑤海長風萬里周, 雲近三山西望美, 不知何處是溟洲.【臨瀛伯 洪祐燮】

五朶芙蓉秀色擡, 層波萬頃碧瑤推, 乾坤爽豁端倪露, 日月飛昇渾沌開,
玉女橋邊禾幾熟, 金仙亭下竹猶栽, 梨亭吹徹笙簫迥, 應有鸞驂過海來.

官跡東濱閱幾回, 洛山飛盖六年纏, 風霆震蕩觀音窟, 天水溟濛義相臺,
御氣至今凝薜荔, 仙游何處望蓬萊, 漁翁不怕鯨鼉戱, 烟裏操舠任去來.【不記名】

落來鰲角接蒼空, 浮在乾坤造化中, 賓日樓含山雪嶽, 梨花亭壓海瀛蓬,
三淸不必天之外, 八景今看嶺以東, 古寺寒鐘時入耳, 銘彛聲蹟仰遺風.【鄭宅東】

齋我一心飭我身, 登高待曉肅寅嬪, 方升爭覩宣明后, 出震如迎大聖人,
瑞靄慈龍颺彩節, 祥雲霧盪湧彤輪, 卽看海底些兒動, 遍照光輝已八垠.【觀察使 申獻

朝】

梵字背巖起海頭, 洛伽山色碧如流, 東望乾坤渾是水, 西來笻屐幾斯樓,

孤嶼風暖鷗相押, 古寺鐘殘鹿自游, 偶然到此偏多感, 歷歷惟看御製留.【沈相轍】

洛峰遙對扶桑紅, 特立滄溟地盡東, 義釋拜眞成應願, 觀音舍利證圓通,

春山花落梨亭月, 夜雨葉鳴竹砌風, 禮佛聲聲寒磬暮, 禪宮宿客世事空.【石雲散人】

容光偏照我東躔, 何幸萍蹤屢覩先, 復此爲賓滄海上, 於焉問夜洛山嶺,

無端駁霧初迷岸, 稍晚祥輪已到天, 悵望中間還自喜, 氛埃開豁五雲邊.【巡察使 李秉鼎】

入洞烟霞悅客情, 林間殿宇翼朱甍, 一區曠爽兼幽奧, 幾度懷空復住成,

雙竹巖邊禪塔屹, 獨梨亭下海雲平, 晨樓始擬觀紅日, 還好梵窓聽雨聲.

貞明應是照精衷, 時雨今晴見感通, 野靜蛟宮凝遠碧, 天浮鳥背抹深紅,

半稜白璧初離璞, 全面金輪焱轢空, 蜓霧蜃噓渾斂跡, 更無纖翳到方中.【上二 李鐸遠】

滄溟望日漲紅雲, 佛弟子何向客云, 塵障開時光普照, 有如今日覩明君.【趙琮鎭】

洛山千載寺形勝, 擅関東臨高星宿, 切望極海天固幽, 竹埋.

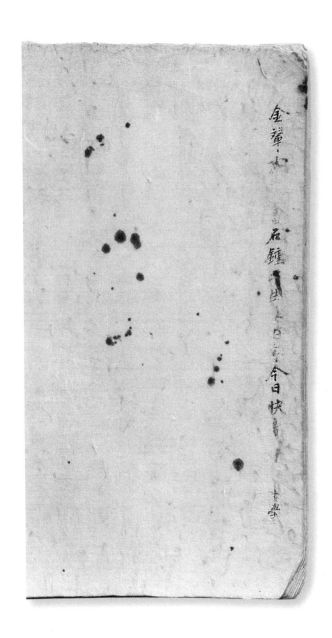

容光偏照我東陲何幸萍蹤屢覿先復此為賓滄海上於馬

問夜洛山巔無端駁霧初迷茫稍晚祥輪已到天帳中

間還自喜務候閒諮五雲邊

入洞烟霞悅客情林間殿宇翼朱甍一區曠爽薰崗奧
　　　　　　　　　　　　　　　巡密使李東軒

幾度懷空復住成護守巖邊禪塔屹獨梨亭下海雲平農

樓始擬觀紅日還好梵宮襲雨簷

卣明應是照精東時兩今晴見感通夜靜鈴宮凝遠碧

天浮烏背抹深紅丰棱白壁初離璞金面金輪悠輾空延霧

蜃嘘渾歛跡更無纖翳到方中
　　　　　　　　　　　　　上二李鐸遠

滄溟望日漲紅雲佛弟子何向客云塵障間時光普照有
　　　　　　　　　　趙晙慤

如今日睹明君

洛山千載亭形勝擅關東臨高星宿切望槎海天閣崗竹埋

落來鷲角接蒼宝浮在乾坤造化中實日樓舍山雪蔵梨
花亭歷海瀛蓬三清不必天之外八景今肴顧以東古寺寒
鄭宅東
鐘時入耳艶爽聲蹟仰遺風
齊我一心筋我身登高待晓肅庸寳方升爭覩寳明后出
震如迎大聖人瑞靄慈籠飈彩節祥雲霑滃彤輪卽
觀察使申獻朝
看海底此二兒動遍眺光己八恨
沈相轍
梵宇背巖起海頭洛伽山色碧如流東望乾坤渾是水西來
此偏多感歷三惟肴御製留
旂辰幾斯樓孤興風暖鷗相押古寺鐘殘鹿自時偶然到
洛峰遠對扶桑紅特立滄溟他畫來義釋拜真成應顧覲
音舎利塔圓通春山花菩梨存月夜兩葉鳴竹研風禮佛
石雲敬人
聲之寒磬暮禪宮宿客世思空

海上青山一髮橫普陀勝音聞名門迎　玉輦梨花散

座現金輪竹樹生古殿猶存羅代佛曾峰逢對懿王城曉

來紅日出宛間出趣看扶桑萬里情　　　　徐有矣

南游遠客又東游別有仙崖畫鎮潮打滄洲龍闘窟菴

依亦壁蜃成樓蒲團永日千年佛謠海長風萬里舟雲近

三山西堂羹不知何處曼滇洲

五朵芙蓉色揑層坡萬頃碧摇惟乾坤奕翰瑞倪寄　　陵瀛伯吴祐褒

日月飛昇渾沌開玉女橋邊禾穀熟金仙亭下竹猶栽梨

亭吹徹笙簧迴應有鸞驕過海來

官跡東滇閱幾田洛山飛蓋六年繞風塵裏溫觀音窟

天水眞漾義相連御氣金庭薛荔仙階何處望蓬萊

澳翁不怕鯨鼉戲烟裹操舫任去來　　　不化君

病此世間人就似君

閔泳緯

正思楓嶽萬峰霄卓錫飄然入洞門末不膏車向東峽

金哲淳

四時清景好憩君

九龍澗雨鴈峰雲躑躅花開滿洞戶相國為閼多絶勝

崔亨坤

畫臺紅燭夜留君

此上五首大雲禪師上京時諸公贈詩者

洛山寺

滄溟一面押層峰松桂陰陰紫翠濃試看欄頭奎壁動

御製韻

上方臺殿亦遭逢

此奉次

府使琴彰淵

西竺山形鷲顧迴何年金刹海邊開觀音窟邃驪珠出

義湘臺高靑雀來方士樓船定斷同逢瀛隔尺可浮杯

憑欄更喜長風起天陛鵬圖亦壯哉

洪秉宷

森々翠栖白雲林　內院靈區始見今　古佛尙傳金法起

老僧遙指石觀音　青天半落三山角　碧海圓通萬里心

默坐焚香瞻北斗　一聲淸磬月明中

機晩起不知山石白峰々疑是雪花飛
　　　　高時寅

遠九連洞僻世云稀　閒雲影裏僧無事　瀑布聲中蓉忘

小庵淸淨試携筇　看遍林泉竟日通　萬景崖高天不

榆岾寺西來閣　大雲禪師別墅

榆岾高柔歸大雲　去三年歲出山門　吾攀籮徑隨緣喜

頓沈塵心近似君

萬二千峰多白雲憶曾秋色滿禪門那知一別金剛後六七
　　荷屋

年四又見君

衣拂雲花足踉雲偶坐飛錫到荊門多憨者海常吟
　　炳冀

大來孤庵萬仞山游卸直欲白雲攀　傳言桂樹有秊

陰卸肴楓林宝色閃高擁衆香滃瘦骨平臨七寶　崔逡

攄麈顔淨緣不盡金剛內花兩邁吾一日還

摩訶㴞雨語殘儻危彼毘盧㞦來登霜月衆吾開真耽

風雷萬瀑㴞會々太陰就吼雲爭起下地鴻濛氣欲燕

南海誰移叢桂樹丹家火將我无能

金剛山起大瀛東萬朶芙蓉散碧宝四楹蒼々能坐　豊恩

見毘盧高出白雲中　沈在顯

中內院

海藏盤旋擁北林孤庵景物古如今一輪皎月虗堂色

百谷懸泉靜夜音石老雲磨經刧態松廉雪壓耐

寒心数聲清磬是非外无事兀然棲碧岑　懶隱

頗早

菊史三山洛楓林八月秋名匡廬勝覽何處是仙　退溪

游天上尋龍瀑鏡中坐歌樓飾囊裝面得多照使人

留　　　　　　　　　　　　　　　　　　洪鍾学

所聞名詩

山与雲供白雲山不辨容雲歸山獨立一萬二千

峰　　　　　　　　　　　　　　　　　　兀庵

四仙堂月白千塔洞風清若使僧雜畫其何萬瀑　秋史

聲

龜之尖之怪奇之天人仙佛捻相値平生詩為金剛　金三淵

惜及到金剛不敢詩

摩訶衍

青天削出玉芙蓉夕照玲瓏畫石容試向歡惺樓

上聖紅楓 一萬二千峰

染、芙蓉湯碧空霜風染得滿山紅樓前萬二千

峰色畫入斜陽錦繡中

霜林披拂玉参差大霧唐明色相宜萬一名山奇 上者山人

畫幅歡惺樓外夕陽時

膚得化精立骨叢金 經紉畫霜峰皚皚澤、娍 上二芙林閣客

塵污半入滄溟半入空

中正起樓紫翠問何人一坐不知還萬二千峰休 州广

佰向夕陽雲畫見全山

臣藏臨東滇雄之半天出日月云赦戲神仙紛宅宩

我欲逞從之塵嬰甚拘竇闕安得丹竈方飛玄宿

碧雀山樵

一節扶筇白雲游萬二千峰次萬收促道去天纔咫尺

不知身在歇惺樓

歇惺樓上聽鐘遲游賣如何卻最宜且置兩朝與月　　金貞淳

夕陽魚山日欲斜呼　　李明迪

楓葉蕭疎八月秋馭風飛上歇惺樓夕陽萬二千峰色　　李教奭

歷歷行人一枕頭

西風鐘落寺門幽亂瀑聲中赤葉流夜色虛明人獨　　趙義日

立眾香城月一樓秋　　荷屋

正陽樓下清磎敬征客春衫澗滿三百論天欲大書

山靈抽出水精管

秋高木落雲烟敬仙藏真形樓上滿一白紗籠單畫　　不枇老

欄山靈呵護水晶筵

歇惺樓出白雲間皓首鹿一杖還萬二千峰真面
見更無詩句更無山　金炳冀
閈甬金剛寺在僧金剛郡是幾峰層岳云歇說金
圖景萬二千重石勢仍　李集喬
偶得仙緣到北邊金剛潛出白雲頭奇々怳々金剛莒
萬二千峰莒一樓　方澳初
或仙或佛立喬々萬二千峰各自形歇識金剛無限　金在洛
景崔嵬陵夌问山靈
歇惺樓前夕陽遼萬二千峰垜喬々可惜金剛今古　金書基
恨笑雄一過有誰名
萬二千峰各有名重々盡入夕陽明老僧拈點蒼々　李東五
立一朶濃雲滿眼生

老吳斫桂尙多暇　史斷蓮花萬二千　敲擗虛空

根揷地呀〻拍手烘群仙

一〻彫鏤獨彈巧化翁　猶自費心機比將五岳堪雄

長擬着三山定是非

排〻比〻如相競惟〻奇〻似有神只恐蓮花無盡

朵如來葉〻解分身

萬朵蓮開灌露容千枝戰揷洗霜鋒神仙失玉蓮　上四西溪椎先

葉脚偸訪花宮曉晚鍾

天開楓藏付人間　玉珮金冠待我還萬象交呈手　齋山

古色祇云迷化不言山

金剛劚出白雲間先我仙人去不還唯有歌惺樓上

月千年来照此江山　春史

歇惺樓上望金剛真面金剛在夕陽　眼底千峰皆翠黛

空中一道忽紅光瀛洲方丈齊名呲善薩神仙大會　金炳冀

撟鍾磬自鳴秋葉下回頭四十六年忙

一樓迥在白雲邊真面全輸萬二千出水芙蓉移劍蒭　金翰

馭風鸞鶴㘦翩翩如何怒氣飛騰地更作晴光寒涙

天微雪乍過渾碎玉夕陽生色盡欄前　李

高樓屹立雨聲邊登眺金剛萬二千白面名翁頭點點　李鍾嶷

玄裳縞鶴羽翩翩真如箇裏嘗無物是人間別有

天田看彫樑仍感舊重懸承緒戎來前

金剛全面歇惺樓詩不能形盡美收萬古精華范蓿

蒼羊宣壼白玉雕鎔冷風悅若神仙遇歸日應㒺

踺蓬蒿又被南州催五馬百年孤負此庵留　戊赫壽

紅葉禪家賞晚秋浮生斷送世間慈忽聞玉笛空中
過不盡金波海外流萬古日明山角々四時雷落石頭々諸
游可作清都夢滿目烟霞獨倚樓　　申彭齡
到此難分春與秋飛花殘雪錯詩慈晴霞繞壁紅
咸疊老栖坡雲翠歡流三千泓灝仍通氣萬二峰巒卽
上頭慈海迷津郵渡渡今行歌惺頼斯樓　安昌烈
正陽壁落白雲邊萬二千峰一幅奇自是乾坤無世觀幾
多仙佛摠愁疑為簪蕭瑟秋先澤有氣盧明夜不知
欲着此山真面目歡惺樓上夕陽時　李裕膺
昔聞今見不盧名盡出錦屛色々明百尺危欄無地起千
尋恠石倚天咸人登玉局三清夢诗動金剛萬瀑聲
借向蓬萊何處在雲岾寂寞月林平　　月峰

洞天法象闢三千誰起高樓萬瀑前不盡乾坤長在宵

無形圖畫丰開蓮管來全局騎陽立記得名區枕夢　趙東和

懸霄笑蓬萊逈俗吏始知今日作兵仙

樓對晴峰萬二千最奇絕處夕陽斜張來幅々搖姬

錦秀出叢々玉井蓮五月如秋霜氣積九天疑落水

聲懸泠風一迸吹衣袖忽歌飄々去作仙　李羽普

簇立金剛萬二千誰教輸納一樓前會々浩劫長留　西坡

雪簡々遙室不隨蓮雲氣蒼朝空淡抹月輪今古自孤

懸廬山真面山中見合把茲遊詑謫仙

草々登臨興未闌粉墻玉壁一般圍萬二峰盡天丰起丹

青樓圖畫中看紅樹白雲分繡幕斜陽流水映華欄

蓬萊洞口探奇景管領溪山亦好官　徐先始

宛是身登兜率天笑看塵世震三千石如彈指坐未

佛峰似吹笙飛玄仙鐘磬自鳴深樹裏樓臺高出云

陽邊名山歛使点形㭉一室濃霞一室烟

佛羽衣飛下羡簫仙人寰窅窅鐘磬外今古寥寥塔影　摇澄鍊

上方樓閣破荒天位置高峰万二千錫杖鳴歸放光

邊拜到蓬萊身已老吟詩句賞風烟　崔亨基

萬有金剛又二千無山不立北樓前橫天白嶽綑老雪

滿眼青浮出水蓮今日行裝秋與伴一生魂夢月窗懸　小雅

蓬萊已是吾心寄若道求仙不使仙

璧玉神山萬二千化工擲在此樓前四圍疊石晴天雪一

抹奇峰陸地蓮歌罷山門流水静惺來虛壁夕陽態精

神過出炯霞外白髮蒼顏坐若仙　李喬榮

一以碑之殘藥僧渠亦人子郎得礪十寺九室不見僧焉

二千峰雖云好金剛山中若無僧縱欲見之恃無奈區之此

言非爲僧奉托東游諸君子诸君須憐金剛僧　進士　金魯謙

靈源菴

穿林重度轉清迫萬曲粗成一奧區千塔誰藏深

洞裏十王宝列亂峰頭龐禪獨住蒼崖古游子忘歸

赤葉稠聞說靈源通異氣沃隹臺上佛光浮　石花九

地藏菴

地藏菴浄灑虚壁近天雲曇花秋喻落寶簪月

樓間壙悔多真名經文逶俗群僧殘誰守役霜藏　豐恩

付諸君

正陽寺歇惺樓

不夜瑤城傾國香殷紅晚翠巧成糚雲裳剪出天孫錦

猶帶銀河八月霜

鳴玉潭西明鏡臺忽如前度冷来憶從畫裏看真面

上三 李羽晋

方覺謳翁儘妙才

下筆金剛寺僧人強止之若然無一字来者亦如斯 沈舜澤

嶺金剛傳

寄語名山僧慎莫作金剛僧金剛僧金剛僧天下第一可

憐僧大小游客春後秋指杖先導揩器僧前跪後立石

碓路金喘口嗊藍輿僧十里五里中大呀敲石出大炊飯

僧衣俗詩囊興衣裳背圓如山員持僧千丈萬丈浮階

上命在嗊刻刻手僧終日汨沒厨房下形如黑茶三輔僧

舉行不謹逢打罵東戍西捽主掌僧此皆人間最苦役

東嶠訶航楞嚴均鬼爺斬奇挺瘦骨化椎琢巧植

苔身未知来世龍華會堂礎其能馮海神　　洪

長安寺月邊樓

長安右刹冠金剛窟攝靈區翔法陽喜事羅王間佛

國何年元使飾天香尖峰炭藥今將墮乱石陰森夏亦凉　　金思穎

仙子不来秋色遠名山靜夜獨彷徨

淡靄輕雲集蓬萊粃點蓮花幾朶間怳惚群仙朝碧落

金冠玉珮月中来

朱簾一路萬山通踏盡層嵐日出東三入便如回道士碧　　上二蓬萊伯尸

桃花嶺又春風

萬川橋過卽昇仙一見從来有宿緣　　玉立叢叢金衆項

梯入直上大羅天

金剛諸處板上詩謄出　誥畵皆有懸板則謄忙則不謄

叢石亭　有多士詩而率皆畵記

叢之齒之眼初寬倦步津亭不覺遲峰立千年唯石棄人

衆萬古幾衣冠束南泚圻船何云上下天宫月亦寒君

使親朋留後約花間酒熟又登看
　　　　　　　　　　　　　　示郎之圖

海山束昕日光寬四无何耳同醉歡盈壁圖書騷客興

滿朝青黛天夫冠抽天奇石千年立掀地鷲濤四圻
　　　　　　　　　　　　　　　　　　李容周

寒束到今春何壯觀摸來真是盡而看

天成叢石入脲新身立層濤閩戒春制不從繩如許真

硯无在矩自然泃旣非遼野千尋柱疑是上方丈六身到

底形容奇絕毒終難認得化功神
　　　　　　　　　　　鶴林歸客三景

重揺燦然一倍新此行喜盧載陽春森羅苣餘叢之

行六十里

二十九日或陰或雨又重風雖日炎夏行路無雅故忙乙

急步還至本寺　行一百二十里

過汝日坪望見龍山偶成一絶

踏盡千山萬水路今朝始向故園來峰之多少分明指

彼處雲淳是我田

卽杜雲祖師創建也朝舞有三龍門謂持平龍門醴泉
龍門南海龍門向此爲龍腰云矣 大藏殿法堂有左右
輪藏盖他處所無也 宜乎爲國中第一講堂也
二十五日至尙州四佛山大来寺 行三十里
四佛山君峰上有岩石四面方正而標兀者四面皆
似佛像又有灵異事故云四佛山山内有妙寂菴
菴卽懶翁和尙本寺也故菴左有懶翁舍利浮屠
菴右峰上有懶翁修道處向又有立錫之痕矣

旅幕 行百里
二十五日燧鏡幻虛諸和尙殘揽信宿
二十七日踰盡尙州聞慶諸山諸水而宿于槐山官廳坪
二十八日過淸州華陽洞清泉等向達兩宿于耳岩寺

二十一日過平昌邑而渡喜頭津又不知幾疊山幾重水
忙々渡了而至寧越莊陵報德寺 歸小白山 行八十里
夕前暫抵 陵上春厣而遲靜思當世事不勝悲感
而坐俄向夕陽在山人影散亂嘔聲上下此酒量滿而
僧歸寺者也
二十二日渡寧越後川津踰神堂峙別㨾峙後方峙又渡伽
耶津踰松峙踰永春丹陽地欹到丹陽大興寺逢雨
未果宿深浑旅幕 行百里
二十三日又行十里至大興寺青蓮菴點心又踰城峙至
豊基鳴鳳寺宿 行三十里
二十四日不知何名而踰一大嶺至龍門 醴泉卽小白山寺
留宿 行二十里

西竺前緣竟海東　地爐峰上梵宮　巖藏幻骨若

生綠榴設處塵錦拂紅　應有精靈通帝座廢看

形影下天風諸山似識宗尊意　遶向中墓盡鞠

躬　　　　　敬次妾搦一首

臺盡南北與西東　晨好中央一梵宮　威氣甲軍

環外列祥光花朵滿攎紅　挾井既為清宗眼穿

寶亦應叱道風莫謂金容隱化久依稀此地有

真躬

十九日滯雨信宿于月精寺

二十日與東萊梵奠寺客僧邂逅相逢向同行過

浮驛渝木嶺又過大化方林句渡平昌後怦津宿

于平昌後怦　　　行百十里

舍利項骨齒牙兩送本國奉安項骨舍利于此地分奉其

餘扵獅子山法興寺ᄂᆞᆫ太白淨巖寺ᄂᆞᆫ山爲來梁山通度寺云

矣

月精寺大雄殿庭中有八面九層石塔兩或云如來

舍利塔或云優婆毱多舍利塔云未詳就是也

寂滅宮
去寺四千里左右各有一井兩若連爐殿扵井邊別朝鮮有
名宗師眼瞖隨爲盲故今扵五里下有杏閣又宮庭穿兩穴
兩處不得着唐來卽酒
世人云此是龍息云矣

上院菴
在扵中臺下麓也
世祖大王親見文殊童子之呼故
法堂奉安文殊童子像又扵前樓上有
世祖大王御室矣

觀音菴
在扵東臺也南出西三臺但空砌矣

十八日氣甚清明上中臺獻供禮拜于寂滅宮而

還可知扵佛前因緣全不喜乎

板上有李喆臨詩

十六日滯兩信宿龍藏老宿一峰和尚冨林上人俱為欵曲接

待矣

十七日亦兩陽相羊瑜前後山巓及長巓向度盡山疊置

水室崎嶇陰峪至其臺山月精寺自江陵地行百里

慈藏國師創建此山之最高峰為昆盧峰自峰而南東

為滿月臺南為拱猴臺西為長巓臺北為象王臺

中為地爐寂藏宮在此地爐峰上卽新羅時王子淨

神孝明二人隱居比山結社修道向親見五臺上五萬

菩薩又見中臺上文殊菩薩之三十六變化轉加精修孝

明王子後出為王辭聖德王又親臨比山於中臺下建真如院今

但有虛礎矣唐貞觀十六年慈藏入唐於淸涼山親見文

珠菩薩向奉永釋迦如來緋羅金點袈裟白玉鉢盂全身

板上御詩

快登南里洛伽峰風捲纖雲月色濃欲識圓通大聖

埋有時靑鳥含花逢　敬次妾搆一絕

地盡東頭最著峰洛伽宮下碧波濃義公去後今

千襏聖跡慈容又靘逢

大抵门樓卽賓日樓也樓下又有梨花亭矣登樓向坐

東臺滄海萬無隙涯伹見凰帆有時來往嶺東八景此東

臺似爲其二葉矣

十五日有時陽有時陰有时兩行々且行至明珠寺圓通菴

亦崇陽地而向山名老卽不記　行六十里

明珠寺者慧明大珠兩祖師之所創建故云今刚庵

爲寺役寺卽一爐殿而巳矣

寶陁窟　法師奉度水晶百八念珠向出建法堂于窟上故有

範閒法師奉度水晶百八念珠向出建法堂于窟上故有

寶陁窟〔窟室〕

紅蓮菴〔爐殿是一葉紅蓮在海中之意也〕

義湘臺〔海上岩石〕

舍利浮屠〔塔像室中兩菩在卓上故建浮屠〕

義湘祖師又一日夢菩薩謂之曰竹筍生處建吾室又

其下有旃檀上矢鑿造我像果忽竹筍生扵今法

臺地故依吳示建寺造像故有

圓通寶殿〔在最高地玄窟爲一里〕

兩叢烏竹〔法堂箏陛下兩邊有之〕

十層石塔〔鑿旃檀上処〕

靈山殿

又有
御室〔世祖大王駐蹕攷〕
又有
肅宗大王御製詩懸
板于賓日樓

窟內阿藏維嚴冬不凍還有熏氣云是亦可異窟外

為门兀節亦甚異庸门外有臥牛岩而上平可以坐

百許人牛岩頭又有動石又其傍有龍岩高之岩底

有泉亦甚清冷而二五謂石面半朝延矣又過內院

菴至神興寺　行二十里　　神興寺卽雪藏山

繼祖窟在山卽雪藏山東麓也有

釋迦峰彌勒峰迦羅峰達摩峰舍旺瀑

雪藏內山有　百潭寺　五歲菴　鳳頂菴　大東

嶺　大東菴　大東瀑布 此瀑布為天下奇寺観云而去及　観覽恨吳甚焉

十日陰而不雨嶽主洛山寺　行四十里

義湘祖師創建也義湘自唐而還常欲観見観音菩薩到

此海邊岩上翹其足三七日精勤後畢見観音真身随入窟內

初十日雖陰姑不雨故巖行緣海堤路至暮冒雨西 過林城邑

入杆城華嚴寺 行八十里

亦表律師創建而爲則八房云今則多歷火災僅有

一房矣 去寺二十里許海邊有自磨石立而未及往

見又有淸肝亭盧砌而已云 寺有

大雄殿 說禪堂 爐殿影閣 正門樓 彌陀菴

華嚴殿 安養菴 寺前有穗岩 有北岩故寺四圍不絶云矣

十一日終日雨下信宿于北寺

十二日雨又不止故又爲信宿

十三日雨纔止矣午後巖行至天吼山繡祖窟觀其

後天吼之諸峰爲窟之制度至奇至妙柎所看來 羅北

以菴爲貴一奇絶處矣窟內兩達爲限六間家金

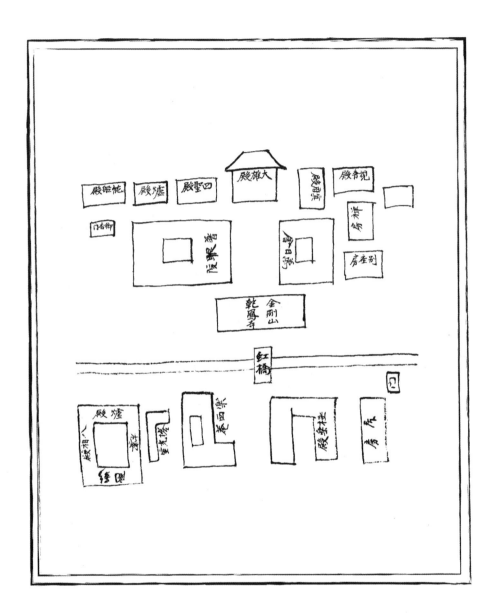

初六日 欲觀海金剛午後啟程過高城邑至立石浦
逢雨入宿 行四十里

初七日過午未兩綿止矣艤舟二兩作定東舡而去
矣去不遠不勝水疾而還下信宿于立石浦

初八日氣甚陰而姑不兩下則勢不可以不行於是啟
程渡南江過懸鍾岩下又於海水中有石艇巍然是為又有維縋
兩傳言五十三佛之靈跡云而未到見然矣

幾至日暮冒兩而入乾鳳寺宿極樂殿 行九十里
乾方有鳳岩故謂乾鳳寺創建未 及浮記而蓋新
羅古刹也嶺徵和尚初設萬日會同修淨土業肉身騰
空者三十一人今萬日會為第四設云矣

初九日非但困憊桂明上人挽接故信宿于樂西庵

以形言之此始知金剛為天下名山也還下溫井沐浴三

度向宿　行〸里

嶺東鄉人辨天氣云端午日水裏塞吹上則陰雨四十五

日然後止此今日吹水裏云塞矣果自望日陰雨四

金剛四寺長安表訓　在嶺西淮陽地　榆岾神溪　在嶺

東高城地　　嶺東八景次序

叢石亭在通川
三日浦在高城

清澗亭在杆城
洛山寺在襄陽

鏡浦臺在江陵
竹西樓在三陟

望洋亭在蔚珍
越松亭在歙谷

又踰一嶺有溫井　鉢盂峰　向溫井嶺入三十里有

舊萬物草　又入十里透過金剛門後又有

新萬物草　於金剛為第一奇觀末後觀覽亘可一覽若先觀此峰後覽諸峰別無味矣

玉女洗頭盆　又有金剛第一関刻字矣　又踰溫井嶺西入

有千佛洞　雖云第一勝處　最難入去世無入者故未及觀覽

去寺十里南邊有

動石洞　內有一岩大如座子雖一指可以小動又雖億若丈夫亦不過土動故云

鉢淵寺　真表律師剏建向洞西多有如鉢之洞故云上二處亦云及登覽

又登九淵瀑　左降上躍觀八潭向下宿普光菴　行千里

初四日得指路人一命同行入九龍淵周覽　若一失足喪失身命處去路甚險

初五日移錫普雲菴與景菴及数筒學人合五人同行

登新萬物草觀其上下左右岩石峰壑刻奇壯形像不可

有世尊峰

觀音峰　　普光菴　万日會　有大應和尚

　　　　　普雲菴　講堂　有景菴堂

玉流洞　飛鳳瀑　舞鳳瀑　皆玄九龍淵之歷泌

九龍淵　龙庵先生刻石云　怒瀑中瀉使人眩轉

八潭　可以登高远览　虫路可以行觇　千丈白練萬斛真珠

御室　灵山殿　大雄殿　香殿　極影廔

神溪寺

五月初一日上中内院登殑勒峰觀望四方三方皆軒

豁洞視而北方為毗盧呼瓊不得遠望可知毗盧為

金剛之最上峰也還宿西來閣　未往八十里

中内院最下谷口有般潭　榆岾寺前有樹而似松㳂

松似栢非栢其葉春萌秋落傳謂之桂樹而無處可討

初二日慧雲錦潭東毉諸師張拽故又為信宿

初三日過歡喜嶺獐項廬俯井狗嶺尼岩　百川橋木

地至神溪寺　　行八十里

寺是真表律師創建而寺前溪水平連于海則魚應多

来而不得入故云神溪寺已徙鱣魚多上為寺大獎故

普雲祖師以神通禁排不得入云矣

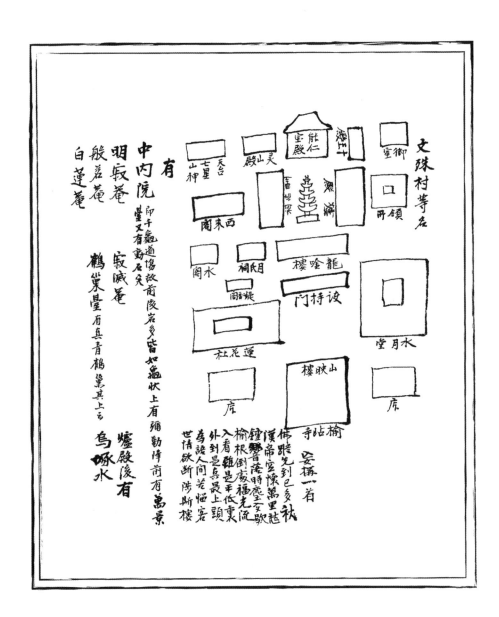

知有此一局土址也漢平帝甲子年中文殊所建金

佛五十三尊所載鐘浮到於高城衆人民見向異之馳

告於官高城守盧偆明日往視之則鐘無去處品有大小

足跡向金剛向泓上有分明痕迹徃追之中途失蹤彷徨

忽有文殊化身指其去路依而進去於一嶺中向又有尼僧

指路嶺上又有一狗前導隨而至一嶺間山內鐘聲歡喜而

尋去則懸鐘於池邊榆樹上五十三尊列坐於池邊盧偆

無數敬禮後出山以是緣由馳告于新羅苐二王南解王又

入金剛奉見尊像不勝歡喜填池立寺池內九龍初欲頑拒出

滄波濤拔樹倒植則五十三尊又坐於榆根枝久俄向水

熱如湯九龍不耐其熱避去于神溪寺九淵處立寺向奉安五

十三佛故額之榆岾寺寺下有歡喜嶺盧偆井狗嶺尼岩

須彌菴所在峰

須彌臺　　此庵去寺三十里以景於內山為第一左右
須彌塔
九鼻臺　　峰巒使人巧造亦不過此妙矣
陷仙臺
凌波基　　　船菴有　　圓通菴有
龜岩　　三佛峰　　蓮花峰
撃電岩　　凹藏峰
　　　　天王峰

二十九日與阜明大師同行登毘盧峰望四方皆可以
俯觀無一呼翳真可謂毘盧峰上更無山東海
之東更無東矣又還宿摩訶行　未徙八十里

三十日踰鷹門岾向登隱仙臺望觀聲聞洞十二層瀑
又下至榆岾寺　三十里
無一岩石向惟是一局土山如反竹罘四面惡石中崑

噴雪渾下盤石上有刻詩一看 李東郡号異庵

曲々奇々 執錫名洞天 氣勢自然低 為萬瀑源

流遠髙敵九龍 造化平巧 鼇艘鼊渾底伏 歕噴珠

雪掄出情 唯騰翠壁 光風宇清入琵琶 不盡聲

一此日夕陽登白雲臺攀壁上鐵索艱々到頭登觀衆岩諸

峰則亦一快治涓息也又沿臺東下至其崖根欽金剛水而

還登白雲基後下

摩訶衍前後諸峰

觀音峰　　法起峰　　經恋峰
龍王峰　　波斎峰　　香爐峰
南巡峰　　維摩峰　　釜兒峰
湏菩提峰　觀音峰　　燭臺峰
七寶甚臺 摩訶衍後龍也

二十八日登覽湏繞菴艦菴圓通菴還宿于摩訶 行五十里

二十七日登頓道峰上頓道菴 與楓嵒長老 相逢誤話

午後至摩訶行 十里

自表訓至摩訶中間 萬瀑洞中潭各与臺獅

金剛門

金剛 軍威居九歲兒所 書三畫山字西北云

蓬萊楓嶽元化洞天

萬瀑洞

天下第一名山

三仙局

神仙臺

四仙其臺

白龍潭

古青龍潭　　龜潭

洗頭盆　　　艇潭

訪仙橋　　　火龍潭

影峨池　　　獅子岩

黑龍潭　　　事蹟峰

碧波潭　　　寶德窟 上萬瀑岩

琵琶潭

噴雪潭　　　又有无庵先生之

萬聲巖　　　霽月光風七四

真珠潭　　　行刻字西走起石

水簾　　　　記

湏彌庵 有頂瑐瑘頂瑐臺故云頂瑐岩之前後岩石俊巧
人善于寺居刻戚不過於是地也元曉祖師在此菴度
永浪神仙為野雲祖師云

萬灰庵 万灰俱灰之意也

歌惺樓東望而在山興水

毗盧峰
衆香城
釋迦峰
瑐陁峰
瑐瑘臺
迦葉峰 其下又有屈
圓隋峰

白雲臺 下有金剛水
永浪臺
龍角峰
瑐勒峰
日出峰

月出峰
遮日峰
三人峰
白馬峰
十王峰
穴望峰
隱寂峰
八人峰
丞相峰
空軍臺

萬瀑洞 自表訓至摩訶衍之中間水石

童子峰
石鷹峰
百塔洞
灵源洞

天地間闢時以纓穿此穴
而聚列金剛盡峰之空
中故三尖不入于金剛云云
不免虛誕之失矣

表訓寺山內有

白花菴 在寺下平四

頓道庵 在寺東南頓道峰下新羅
時頓道夫人成道于此故云

寶德窟 在萬瀑間噴雪㵎上東㟃也鮮明方一日夢謂曰歆見觀音菩薩祈禱
曰歆見觀音見尋覓鮮明方去覓覓翁即
普見也鮮明方文殊㟃鮮明方女即觀音也俱為尋見文
女同處遊戲而不知其為觀音後往賀翁言下賀翁後尋見文
不見且慶是根復去松羅菴祈禱又夢謂曰向萬瀑間去覓云
扰萬瀑間游戲盡遷見鮮明方女喜歆礼拜其女㟃萬瀑間祈禱曰向
上石窟逐臥視之但於宝窟中有一觀音像故歆喜瞻拜為鋼柱
達泗窟於其窟仝其後多歷星霜重建也

摩訶衍 去寺十里義湘祖師創建也一世祖大王自圓通庵歆駐驆于北
菴幸至菴下有空中切入之聲不得入而過至佛地菴祈禱云矣

佛地菴 自摩訶行越一菴有之菴下有甘露水矣

妙吉祥 佛阯青龍頭岩也頓岩和尚所刱
选成石面佛高為七八丈矣

圓通庵 在下萬瀑間此邊分谷中世祖大王久住於比菴云

船菴 林彬居士居此成道 束石船騰空而去故云

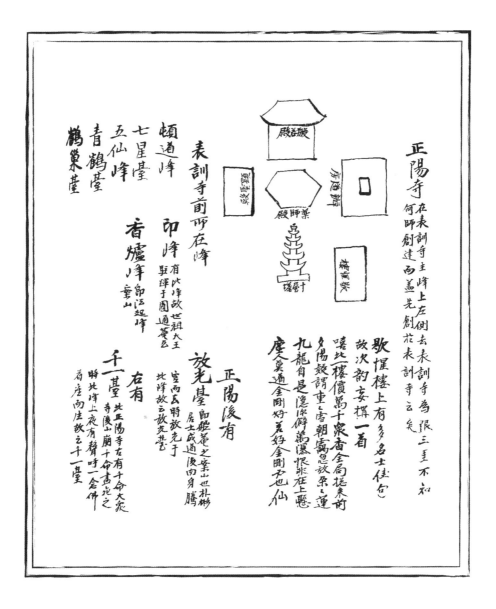

正陽寺

在表訓寺主峰上左側去表訓寺為限三里不知
何師創建而蓋先創花表訓寺云矣

歌撰樓上有多名士佳句
故次韻妄撰一看
嘻此一樓價萬千衆香金局拓来前
夕陽疑謂重之雪朝寒忽故柔之蓮
九龍有是隱次僻萬瀑恨來在上懸
塵臭通金剛好若金剛君也仙

正陽後有
放光臺即般若之臺山也朴彬
居士成通佛內身騰

右有
千甚臺此正陽寺右有十命大衆
時此峰上夜有聲呼時一合件
看座而坐故三十一臺

表訓寺前昨在峰

頓道峰

印峰 有此峰故世祖大王
駐輦于圓通菴云

香爐峰 雲山 鳥江越峰

七星臺

五仙峰

青鶴臺

鶴巢庵

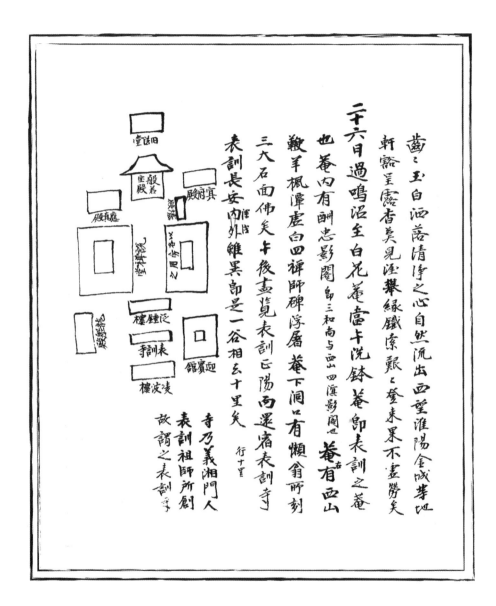

齒〻玉白洒落清淨之心自然流出西望淮陽金城〻地

軒豁呈露香莫見淮〻緣鐵索〻〻登來果不盡勞矣

二十六日過鳴沼至白花菴當午洗鉢菴卽表訓之菴

也菴內有酬忠影閣卽三和尙与西山四溟影閣也菴有西山

鞭羊楓潭虗白四禪師碑浮屠菴下洞口有懶翁所刻

三大石面佛矣午後畫覧表訓正陽兩還宿表訓寺

表訓長安內外雖異卽是一谷相去十里矣　行十里

寺乃義湘門人
表訓祖師所創
故謂之表訓寺

二十五日入靈源菴登望軍臺周覽後宿地藏菴

來徃合八十里

靈源洞所有諸峰

地藏峰
十王峰
判官峰
錄事峰
使者峰
眾人峰
牛頭峰
馬面峰
沃焦臺
拜席臺

又有

紫鸞臺
黃鸝窟
黑蛇窟
黃流渾　即黃泉已

望軍臺去路有

水簾洞

從望軍臺西崖而下

則有松蘿菴菴傍

又有清溪水玉溪水

云而未及見以初行雨

無指路為故也恨莫甚

焉

登望軍臺東望昆盧以下重三諸峰則皆如束筍而立

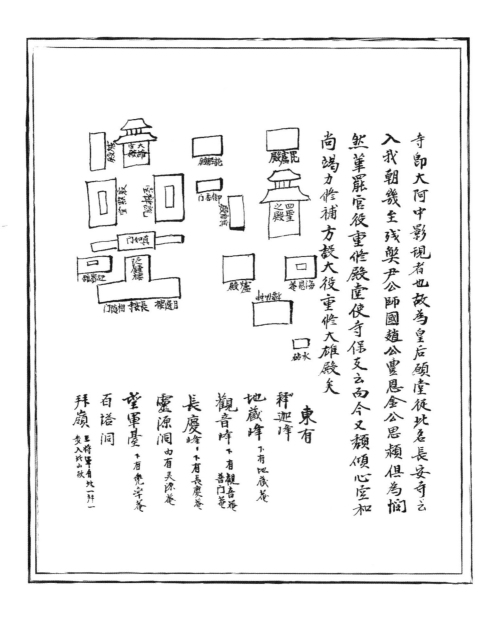

寺即大阿中影視者也故為皇后頹宧徙此名長安寺云

入我朝幾主殘燬尹公師國趙公豐恩金公思頹傾俱為憪

然筆罷官役重修殿宧使寺保支云而今又頹傾心堂和

尚竭力修補方設大役重修大雄殿矣

東有

釋迦峰

地藏峰 下有地藏菴

觀音峰 下有觀音菴 普門菴

長慶峰 下有長慶菴

靈源洞 中有天源菴

望軍臺 下有兒孛菴

百塔洞

拜嶺 王將軍有此一拜一
　　麦入此山故

重建盖濟菴和尚亦大有功矢　有

極樂寳殿甚嵳峩矣 雖不雄壯

辦道房 亦甚雄偉

関東第一蘭若 堂名別

龍瀑 水石甚好矢

應真殿　丹霞閣　獨聖閣

祝聖殿　鍾樓　爐殿

涅盤臺　水砧　洞下有

二十三日過長林 卽長安寺精舍也　踰使令嶺 此嶺北谷左右峰壹在関東雄爲尋常也若在

宿笈 音叔俱用 旅幕　行百里

此嶺北谷左右峰壹在若有雁陽來則去寺五十里有斷髮嶺斷髮爲高麗時王將軍登此嶺望衆眷詣此卽斷髮故也

二十四日踰鐵耳嶺 若有雁陽來則去寺五十里有斷髮嶺斷髮爲高麗時王將軍登此嶺望衆眷詣此卽斷髮故也

入長安寺 行四十里　亦王將軍事也

過掛弓亭 亦王將軍事也

寺乃新羅眞表律師初創懷正禪師重創也元皇時奇

氏皇后一日將飮梳洗對大阿水水中影覩二層法堂顯云

四聖之殿四字分明於是使天下寺刹圖形而上看之則此

下黑莫知其所以然矢坐熟視卽東海也今日始知

海花天下爲物最巨者也淀巓以下至泉谷寺 行七重

亦安邊黃龍山也寺名或云興谷寺

二十日過歡谷至通川登叢石亭而觀之眞可謂

天下第一奇觀也付山石壁皆然水中突立者凡十 又

餘矢至通川邑寄宿旅幕 行五十里

二十二日過石底橋野逢大風笠不著項口不通息可

以知嶺東之風倍多於南方也繞到龍貢寺卽金

剛山麓通川地也 行三十里

寺卽高麗臥龍祖師之所創而使邑中所稅隷貢於此

寺故云龍貢今剛 列聖朝御筆奉安而又爲景祐宮

顧寔矢去庚申天大畫見燒蕩甲申賊大又見燼蕩又爲

寺内有　雪河堂　龍岳堂　幻艇堂　玩明堂
月華堂　泳魚堂　月岩堂等大師

十六日日氣淸陽而不勝困憊又宿壽君堂
十七日風雨終日移宿尋鉤堂月華堂雜是初面如待
相識同宿于祖室
十八日朝茶後上觀內院菴而還矣午後小雨皆昷日甯春上甲
十九日至安邊黃龍山宿普賢寺　行四十里
不知何師創建而盖新羅古刹也　太明太祖讀書高于此
寺故爲　大明太祖願堂天子賜送四寧金像奉安而
今只有西邊菩薩像云又寺下虹橋是明國石手之所
等云而無文獻可考矣盖古之大刹而今不免破寺矣
二十日登雉竹傳伊巔堂其東邊則天有中阽而上靑

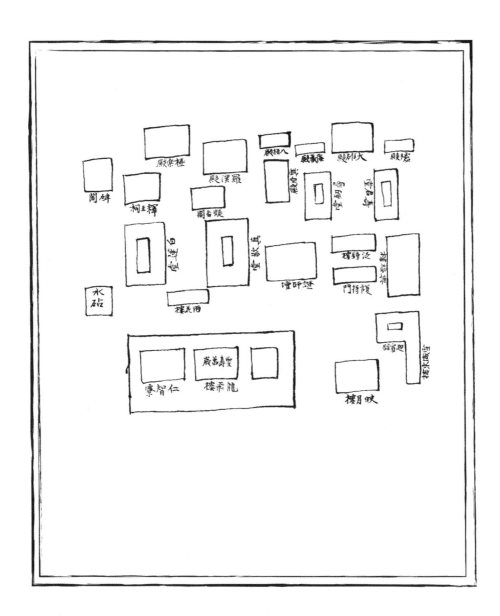

之曰我是女子安能解大丈夫之夢兆乎雪峰山土窟

有一道僧往彼問之　太祖依敎向往跪向夢兆僧熟視

之曰北吉夢也千家鷄鳴正有高貴之音千家砧鳴

豈無御近當之聲　又花落應有菓破鏡何無聲身

負三椽是王字也慎無嚴泄向术此地建一寺號曰釋王

之王字故　又設五百羅漢供養則大有聖助然後周

施國祚云矣至今設供

五百聖供爲五百年

太祖曰敎叟敎矣一年內建寺

三年內設五百聖供矣　太祖壬申登極後入雪峰山尋

見其僧封爲王師卽無學也此釋王寺之所以創建也

爲寺無奧术八路爲第一而呀欠者鞍賣也

石臺菴 古有李順碩好獵射矣一日射一山猪而逐之
猪爲所逐入一井遂而視之猪無去處有一地
藏石像右肩揷箭而坐井中順碩悔而欲拔其箭而
不餘拔以改篤修道之意立願懺悔其箭自拔於其上
等石臺奉安石像而修道三日內
成功因身騰空故謂之石臺云矣

福禧菴 在安養後山祈禱處也

安養菴 在外山北麓

三日宿鐵原懸井 引喬郡鐵原而逐返北井水而食 此日行七十里

十四日踏平岡地踰等阿嶺宿菊秀塘 此日行一百三十里

十五日入安邊雪峰山釋王寺宿壽君堂 此日行百里

寺卽 太祖大王頤堂也 太祖於洪武十七年甲子遂

自金馬 今益山 來寓鶴城 恨城 一日假寐夢見千家

鷄一時鳴又千家砧一時鳴又見花落顚鏡破又入破

家身員三椽而出覺來異之欵解夢於一无婆婆止

山內有白雲寺元曉菴又有義相甚臺空砌云

十二日午飯于漣川水麗洞又自水麗洞分路而入寶蓋

寺卽鹽原也此日行七十里

山洞口緣山轉水田之曲乙溪路行三十里至宿溪源

弓喬時梵日國師初創尚無學國師重建也古

云寶珠山興林寺今云寶蓋山溪源寺　有

辨道旁　奉安三大士尊像向稍大於束崔汪堂佛像也

千佛殿

寅府殿

應眞殿

爐殿　方說大役重建矣

聖住菴　地藏菴　南菴北郞尼居　菴有

自京山為始至金剛日記

四月初十日午後自華溪散行至楊州泉川_唱酒幕 _{扶日行六十里}

十一日至楊州逍遙山自在菴 _{行四十里}

元曉祖師呼卜向太古_{和尚}重建 純廟朝時霽峯師三韶

西蓋晨小菴也今水落山德寺濟菴和尚一宿感夢而

掃旧大連蓋四韶也菴號自在羅漢道場憫故也今額云臺

源寺矣　　有　　又有

辦道房_{為万日會}　　左右瀑布而左大右小　又有

滿月寶殿_{天山殿}　　石窟而泉水在窟内泉流之

天台閣_{在陵岩下}

丹霞閣_{在石窟下}　　制相似花公州竹岩也

寺也　夕後本寺書簡未到非喜消息也是不幸之亦也

初五日至末落山聖寺之本內院菴也窒山有一巖形似佛像

故謂之彌勒峰寺号內院矣　正廟朝祈子于此菴始謂

聖寺也見布化舍影向談話移峙後又至德寺之近經曆

收之變向又渡重擔宏壯燦然一新蓋齊菴和尙大有功

爲與一海相逢可謂佃鄕達故人別有情乎

初六日又還入荷月與月初和尙談話消日

初七日裁本寺書向送郊雁至夕又雨

初九日聞全羅道有束徒之變兵精五百命自仁川束輪而云（艇）

又聞撤陵辛之令有只觀奇橋之意向鷺梁而云又聞撤

橋卽向斗浦周覽後縂到萬壽寺而宿

四月初一日自望月向德寺向云有雨氣還入荷月家午後
夕前果雨矣　中路偶成一絕
棒下故山今幾日　這間春
到城早已大麥黃　安得移

廋山与水
來盡我牆

初二日雖陰不雨故向道峰向玉路逢大雨入天藏山萬壽寺
夕學家

初三日午後始晴將向天寶山去溪水漲滿駿涉極難中又
逢醉客息見困厚可知日數之不幸客若難于北
可驗也至天寶山鶴到菴與雲艇師相見師於佛前有信
向者又有親分者也向以風病手足俱戰向我涕泣漂恨
罪肇見未來臺不恨歎亦余何是乃前業宿債耶

初四日午後細雨始晴踰一嶺主佛嚴寺ヽ即菖證禪師創
建此道詵与無學又爲重建修補久今剛爲十一陵遊沱

一快怡消息又自臺下歷覽道說庵城外東麓 奉聖庵

太古寺重興寺又覽重興寺所傳翡翠玉香爐玉

香盒玉塔玉餅与花柚堂卽出大東門還至荷月

家

二十八日兩風鎮日無人到与主打詼送悲恝

二十九日入道峰山之下偶成一絕 雨霽青天雲散了 道隆 無限

山下緣溪路風光次第求 至天竺午齋又夕陽生望月寺之卽處

貞觀年中海浩禪師初剏宋英宗時慧炬禪師重剙故

寺傍有慧炬浮屠也又其下有千峰和尙淨屠向水觀居

士撰碑銘矣其日午荷乾鳳鶴山師主入於涅盤出殯谷

下可驗生死本有緣士人生之如朝露無常于此可知文況

我与鶴山和尙四有情親其悲慟懷振可勝道哉

二十三日自夜霧罩雲籠細雨不止

二十四日全午始陽欲抵華溪先至興天寺日將合矢脚

亦勞矢卽留宿次入之方達十王殿設大役翌日上概

云意外忽逢就華堂卽金之伯兄也一面如舊接待甚

早安宿溫食皆具刀也

二十五日上觀寂照菴 歷覽奉國寺藥師 慶國寺青岩

至華溪寺宿荷月家

二十六日欲上白雲崖矢荷月以明日同行之意干請留

連改止

二十七日與荷月正文余四人同行齋持餅飯緣籐攀

蘿而登山路艱到頭卽白雲崖也江郡海色忽

山下水落道淳不敢高可知為三角山最上峰也果

又入倭関本源寺茶拜于法堂観其奉佛之道雖不雄

壯其淨妙也剝我國那無還愧我輩奉佛之鹿碌吳

甚其僧列侶有三数向欹迎接待之道無二於本國同伴

茶果等屬供饋之節甚有厚意也

二十日因韓尉原入典圜局覧造錢器械其火輪水桶

與輪艦輪砧大同小異而无為雄壯巧妙不可形容

二十日與本源寺僧欵玩倭兵艦之舟兩將泄然云矣中流

風波忽起未逐如意促入輪艦書覧上下而還又因韓

尉原浮出清国理事大人名帖與本国巡捕回入清兵艦

周覧上下其兵罷有血雜云矣異火輪製度其規一也

比日夕陽還至石岩市寓館

二十二日至楊花島胸飯渡江至白蓮日已暮矣

壯華麗也真可謂我國之所未曾見者退觀本國人之

所居處呼則其鹿酒陝隘也甚於國廁比於彼人居地

可謂泥潦之於青雲昆蟲之於搞鳳鄙陋之心自然

鴻出於骨中甚歎我國人物之無才庸弱何若是之

甚也

又自峰下次〜歷覽最先所到者洋醫所居處身自

無病則別無可問而佃病人則男女躶未徃者亦矣有洋

鷄雌雄雌則雛大於無所異而雄鷄則甚凶難可久視矣

次入清国巡捕所居處具言語雖不相通其喜笑迎接

之道倍厚於本国人也次歛入洋人居處則冷〜落〜不

可入矣吹觀火輪自蓄砲其械械元節佃可視之而已

不可以㫖議不可以形言矣

十六日日氣晴明向北滅玄人終無消息故騎聖巔雲只
自悵〻始知待人難待人難身日斛時息首產匆自仁
家持一竹筧向來傾出數介戲匆即玉兔子也甚潔
白奇妙數則二獲五鳥價則一獲給葉四兩云矣

十七日午後日斛 行華二禪来到拜手前責其昨日不
来緣何事故荅以敎華感寒委痛之意擧眼視之
則華也果尙有病色矣

十八日仁川港口玩覽次與景運禪師敎華成贊員卜一命
合五人同行渡楊花江黯心薄暮絡到於龍岡李班
家定主寄宿是乃敎華之已而嘗識朱性家也

十九日整衣捉錫先登闕後最高峰前後左右次弟俯觀
則浮海者盡是青雀黃龍撲地者無非高樓巨室其雄

十日振威色朝飯大皇橋 黙心至華城長安門外青蓮
菴其拜昨夜一海奉詣寫此菴而去矣

十二日過大有坪喩邁之峴至蔦山黙心又踰南森嶺渡銅雀江
而挺欽抵白蓮寺矣日已暮矣宿江邊旅幕

十三日曉頭裝行至白蓮寺行錐不多日已午矣主客相見
甚歡矣恚詣積年相逢故也午後山雨儀而行禪後
来可謂邂逅適顧而恨不見敬華奉詣二已去矣

十四日終日細雨濛之不止與景運禪師有時或看古人
法語有時或談旧時情話而甚從容歡笑慶了頓

十五日朝雲午陽辛來敬華次運行禪于北城敬華
忘客懆与在本正堂之矣
在遠師兄與菩薩為祝而故也

蓬萊日記

三月初六日午後發程至公州

初七日滯雨信宿

初八日宜于發行而或恐去來中路有侵擾之弊以

是意呈于營門矣以如有侵視侵擾之端甲飭禁
斷事處援此方官爲趁敎向出題差晚故未得發

云

初九日自公州發推督訪于靈隱寺禮虚和尚付本寺書
簡向卯後渡錦江至廣亭逢雨入張幕騎馭後雨不
止一派旣熟向戶視之兩止靈駁又行至真溪漢野
踰車嶺僅成一旭

初十日天安邑朝微陰晩歡暴泥至全義屋而宿

金剛山

甲午三月
日

저자 소개

이대형

연세대학교에서 〈금오신화의 서사방식 연구〉로 박사학위를 받고, 현재 동국대학교 불교학술원에서 스님 문집을 번역하고 있다. 논문으로는 〈조선시대 승려 문집의 《장자(莊子)》 수용과 활용〉, 〈18세기 열녀전 연구〉, 〈소대성전의 한문본 大鳳記 연구〉, 〈김시습의 잡저 연구〉 등이 있고, 저서로는 《금오신화 연구》가 있다. 이외 《옛편지 낱말 사전》을 공동 집필하였고, 《응운공여대사유망록》(동국대출판부)과 《상산삼매》(보원사) 등을 번역하였다.

-

이석환

동국대학교에서 〈공해의 교학사상 연구〉로 박사학위를 받고, 일본 오타니대학 특별연구원을 거쳐 현재 동국대학교 불교학술원의 연구원으로 재직하고 있다. 논문으로는 〈여래장삼부경의 현대적 의의〉, 〈일본 근현대 재가불교운동의 의의〉, 〈《금강산》의 역사적 위상 연구〉 등이 있고, 공해(空海)의 《卽身成佛義》를 번역하였다.

-

하정수

동국대학교에서 〈국어어미 {-거-} 연구〉로 박사학위를 받고, 동국대학교 불교학술원 연구원, 한국기술교육대학교 대우교수를 역임하였다. 신라사경 프로젝트의 일본 나라현 동대사 자료 조사에 참여하였으며 현재 한국기술교육대학교, 동국대학교 등에서 강의를 하고 있다. 논문으로는 〈現代國語 形態素 {ㅅ}의 意味와 機能〉, 《《한국한자어사전》의 음독구결〉, 〈日本 天理大學 所藏 活字本 楞嚴經諺解 권5, 권6의 교정 연구〉 등이 있고, 공저로 《(국어 문법의 연구 3)국어 문장의 확대와 조사의 실현》, 《한글나들이》, 《글쓰기, 생각을 펼치다》 등이 있다.